हमारे समय में

('हमारे समय में' का प्रथम मंचन 7, 8, 9 अप्रैल 2006 को श्रीराम सेंटर, रंगमंडल, नयी दिल्ली के कलाकारों द्वारा श्रीराम सेंटर प्रेक्षागृह में हुआ।)

हमारे समय में

'मोहन राकेश सम्मान' प्राप्त नाटक

शाहिद अनवर

वाणी प्रकाशन

वाणी प्रकाशन

4695, 21-ए, दरियागंज, नयी दिल्ली 110 002

शाखा

अशोक राजपथ, पटना 800 004

फ़ोन: +91 11 23273167 फ़ैक्स: +91 11 23275710

www.vaniprakashan.in
vaniprakashan@gmail.com

HAMARE SAMAY MEIN
by Shahid Anwar

ISBN : 978-93-5000-284-1
Play

प्रथम संस्करण

मूल्य : ₹ 200

हर्ष प्रिंटर्स, दिल्ली-110 093 में मुद्रित

वाणी प्रकाशन का लोगो मक़बूल फ़िदा हुसेन की कूची से

हबीब तनवीर को समर्पित

हमारे समय में : एक प्रस्तावना

मुझे ख़ुशी है कि शाहिद अनवर के नाटक *हमारे समय में* के पहले प्रारूप को सबसे पहले मैंने पढ़ा था। तब तक यह नाटक शायद साहित्य कला परिषद की नाट्य प्रतियोगिता के लिए भी नहीं भेजा गया था। पहली बार ऐसा हुआ कि परिषद ने सचमुच किसी सही आलेख को 'मोहन राकेश सम्मान' के लिए चुना। यह इस तथ्य से भी प्रमाणित हो जाता है कि इस बीच इस नाटक को अलग-अलग निर्देशकों ने मंच पर प्रस्तुत किया। सिर्फ़ दिल्ली में ही इस नाटक की दो अलग-अलग प्रस्तुतियाँ हो चुकी हैं।

आख़िर इस नाटक में ऐसा क्या है जो रंगकर्मियों को अपनी तरफ़ आकर्षित करता है? मेरे विचार में वह परिवेश जिसमें इस नाटक की कहानी की परिकल्पना की गई है। पिछले दस-पन्द्रह बरसों में जिस तरह से मीडिया और विशेष रूप से इलेक्ट्रॉनिक मीडिया हमारी ज़िन्दगी में दख़ल दे रहा है, उसकी एक बहुत ही सच्ची तस्वीर प्रस्तुत करता है यह नाटक। इससे भी बड़ी बात यह है कि यह नाटक हमें उन लोगों की ज़िन्दगी के अन्दर झाँकने का पूरा मौक़ा देता है जो मीडिया से सीधे-सीधे जुड़े हैं। इधर बहुत-सी पत्रिकाओं ने मीडिया पर केन्द्रित विशेषांक निकाले हैं। साहित्य की दूसरी विधाओं जैसे कहानी, उपन्यास की दुनिया में बहुत-सी रचनाएँ लिखी गईं, प्रकाशित हुईं और चर्चित भी हुईं लेकिन नाटक और रंगमंच की दुनिया में शायद नाटक के रूप में *हमारे समय में* पहला आलेख है जो मीडिया के लोगों की इतनी गहरी जाँच पड़ताल करता है।

यह सही है कि नाटक पहले खेला जा चुका है और अब उसका प्रकाशन हो रहा है। संयोग से दोनों प्रस्तुतियों में से मैं किसी को भी नहीं देख पाया। इस कारण मैं एक बेहतर स्थिति में हूँ कि इस नाटक के बारे में बिना किसी पूर्वाग्रह के अपनी

बात कह सकूँ। सबसे पहले वे बातें जो एकदम से दिख जाती हैं– तीन अंकों का एक यथार्थवादी नाटक जो कुल मिलाकर चौदह छोटे-बड़े दृश्यों में फैला हुआ है। लेकिन महत्त्वपूर्ण बात है कि यह नाटक इस संरचना में अपने कथ्य के अनुरूप टेलीविज़न और फ़िल्म के व्याकरण और भाषा में व्यवहार करता है। एक दो संवादों को छोड़कर बहुत ही कम शब्द। ज़्यादातर मौन अथवा प्रतिक्रिया के माध्यम से अन्तर्मन की अभिव्यक्ति। भाषा भी अपने उसी परिवेश की देन। कहीं तकनीकी और उससे भी ज़्यादा अंग्रेज़ी हिन्दी का मिश्रण। क्या आज इस बात को अलग से दोहराने की ज़रूरत रह गई है कि जिस तरह की भाषा हम टेलीविज़न पर सुनने के अभ्यस्त हो गए हैं, उसकी एक जीवन्त झलक यहाँ भी दिखाई देती है। आज के नाटकों में बाज़ारीकरण और सिनेमाई प्रभाव के कारण प्रयुक्त भाषा के अध्ययन के लिए भी यह एक आदर्श नाटक है।

यदि मैं स्वयं से पूछूँ कि क्या यह नाटक अपने शिल्प के कारण मुझे अच्छा लगता है तो निश्चित रूप से मेरा उत्तर होगा – नहीं। ज़ाहिर है कि शिल्प से ज़्यादा जो बात इस नाटक को बहुत दिनों तक ज़िन्दा रखेगी वह है इसका कथ्य। वह भी इसलिए कि मीडिया से जुड़ा होने के बावजूद *हमारे समय में* का कथ्य मात्र तात्कालिक या सामयिक नहीं है वरन् पूरी तरह से शाश्वत है। हम जिन मूल्यों, आस्थाओं और विश्वासों को साथ लेकर चलते हैं धीरे-धीरे उनसे अलग होते जाना– इससे बढ़कर हमारे समय की अथवा किसी भी समय की क्या त्रासदी हो सकती है? मूल्यों और आस्थाओं की इस यात्रा को नाटककार ने दो परस्पर विरोधी ध्रुवों के मिलन और पुनः अलग हो जाने की कथा के माध्यम से रेखांकित किया है। ये दोनों ध्रुव हैं – मुकुल और के.के. और इन दोनों के बीच मुकुल की पत्नी शाल्कि। बेशक नाटक में इन तीनों का तीन विपरीत दिशाओं में प्रस्थान अप्रत्याशित रूप से हमारे सामने घटना होता है लेकिन इसमें कोई दो राय नहीं कि नाटक के अन्त में ऐसी अप्रत्याशित घटना नाटक को एक अतिरिक्त नाटकीयता प्रदान करती है और कथ्य को भी और गहरा अर्थ देती है।

हम याद करना चाहें तो *आषाढ़ का एक दिन* में कालिदास का लौटंना, *लहरों के राजहंस* में नन्द द्वारा केश कटवा लेना और *आधे अधूरे* में महेन्द्रनाथ की वापसी क्या कम अप्रत्याशित है? यही तीन नाटक क्यों, शायद हर नाटक में अप्रत्याशित का यह तत्व अनिवार्य रूप से होता है और नाटक जैसी विधा की उसके बिना कोई गति नहीं।

निश्चित ही *हमारे समय में* भी इसका अपवाद नहीं है।

– देवेन्द्र राज अंकुर

निर्देशकीय

हमारे समय में एक ऐसे कालखण्ड का परिदृश्य प्रस्तुत करता है जब प्रतिरोध की परम्परा क्षीण होती जा रही है और बेहतर दुनिया की आशा उपहास का विषय बन चुकी है।

यह नाटक मृत समय और अजन्मे संसार के बीच दुविधाग्रस्त पात्रों की कहानी है। नायक मुकुल एक ऐसा युवक है जिसका व्यक्तित्व परिवर्तनकारी विचारों से परिपूर्ण है। उसकी पत्नी शाल्कि उसके इन्हीं विचारों के कारण उसके साथ खड़ी रहती है। व्यवस्था के विपरीत विचारों के कारण मुकुल को अपनी नौकरी भी गँवानी पड़ती है, पर शाल्कि उसका मनोबल टूटने नहीं देती।

एक अवसाद भरे अंतराल के मध्य मुकुल का परिचय के.के. से होता है, जो बाहर से उपभोक्ता संस्कारों का प्रतीत होता है लेकिन समाज और व्यक्तियों के प्रति उसकी भावनात्मक ईमानदारी मुकुल को आकर्षित करती है। वह के.के. से मिल कर एक प्रस्ताव को स्वीकार कर लेता है जिसको स्वीकार करने के बाद मुकुल शाल्कि के लिए भी अजनबी लगने लगता है। शाल्कि को महसूस होने लगता है कि प्रेम महज़ सपना नहीं, सपनों के प्रति आस्था है...

—मुश्ताक़ काक

प्रथम मंचन में भाग लेनेवाले कलाकार

मंच पर

मुकुल	अुनराग अरोड़ा	मंत्री	संजय कुमार सिंह
	आशीष शर्मा	कमांडो	संतोष ओझा
शाल्कि	दीक्षा ठाकुर	बी.डी.ओ.	संजय कुमार सिंह
घावरी	भूपेश जोशी	मिनी	राखी कुमारी
	शुभ्रो भट्टाचार्य	दस्तगीर	श्रीक्रांत वर्मा
के.के.	आशीष शर्मा	अंसारी	अम्बरीश सक्सेना
	भूपेश जोशी	सुमन	सोनू रोंझिया
अंबा	सपना खटाना	घुम्मन	शुभ्रो भट्टाचार्य
पी.एस.	श्रीकांत वर्मा		अनुराग अरोड़ा
टी.टी.	निशांत मिश्रा	बूढ़ा आदमी	श्रीकान्त वर्मा
कैमरामैन	सोनू रोंझिया		

मंच परे

मंच प्रबन्धक	श्रीकांत वर्मा	सहायक	सती राम त्रिभुवन
मंच परिकल्पना	मुश्ताक़े काक	प्रकाश परिकल्पना	मुश्ताक़ काक
मंच प्रभारी	अम्बरीश सक्सेना	संगीत संयोजन	राजेन्द्र कुमार सिंह
सहायक	सोनू रोंझिया	ध्वनि प्रलेखन	एस. मनोहरन
	संजय कुमार सिंह	संगीत संचालन	अनुराग अरोड़ा
वस्त्र प्रभारी	राखी कुमारी	ब्रोशर, प्रचार	अपराजित भनोत
सहायक	सोनू रोंझिया	लेखक	शाहिद अनवर
मंच-सामग्री	राखी कुमारी	पद्य	पाश, नोमान शौक़
मेकअप प्रभारी	श्रीकान्त, सपना	सहायक निर्देशन	राखी कुमारी
सहायक	गीता कुम्हे		
प्रकाश प्रभारी	रवीन्द्र मिश्र, आशीष़ शर्मा एवं नरेश कुमार चन्द्रा	परिकल्पना एवं निर्देशन	**मुश्ताक़ काक**

पात्र

शाल्कि : टीवी चैनल में काम करने वाली एक युवा महिला पत्रकार
मुकुल : शाल्कि का पति
घावरी : शाल्कि का सीनियर
अंबा : घावरी की पत्नी
के.के. : सी.एन.एन. चैनल का युवा संवाददाता
मिनी : शाल्कि के दफ़्तर में प्रशिक्षु
बूढ़ा : के.के. का पिता

कैमरामैन, मंत्री, कमेटी के सदस्य आदि

पहला अंक

दृश्य : एक

(संसद का मीडिया कक्ष। अख़बारों और टीवी चैनलों के नौजवान संवाददाता इधर-उधर घूम रहे हैं। इनमें से ज्यादातर 20-22 साल की लड़कियाँ हैं। पूरे कक्ष में ऐसी गहमा-गहमी है जैसे कोई महत्वपूर्ण घटना होने वाली हो। सभी आते-जाते हुए एक दूसरे को देखकर 'हेलो-हाय' करते हैं। इस भीड़ से शाल्कि बाहर निकलती है और मंच के अगले भाग में आती है। उसके हाथ में माइक है जिस पर 'फ़ाइव डबल्यूज़ टीवी' लिखा है। वह कुछ झुंझलाई-सी लग रही है। उसके पीछे-पीछे भीड़ को चीरता हुआ उसका कैमरामैन भी आता है। वह भी लगभग उसी उम्र का है)

कैमरामैन : सॉरी शाल्कि! आई एम रियली सॉरी!

शाल्कि : व्हॉट सॉरी? यार तुम लोग इतने इर्रिस्पांसिबल हो कि बस।

कैमरामैन : इर्रिस्पांसिबल होने की बात नही हैं, दरअसल...

(शाल्कि उसे बीच में ही टोक देती है)

शाल्कि : और क्या बात है? आने से पहले चेक तो कर लिया होता।

कैमरामैन : चेक तो कर लिया था।

शाल्कि : चेक कर लिया था तो फिर यह कैसे हो गया?

कैमरामैन : मुझे मालूम नहीं था कि इतनी देर लगेगी।

शाल्कि : हद करते हो। इतने दिनों से कैमरा ढो रहे हो और यह भी नहीं मालूम कि बैटरी चार्ज है या नहीं...

(कैमरामैन बुरा मान जाता है। शाल्कि भी जैसे महसूस करती है

कि उसे इतनी कड़वी बात नहीं कहनी चाहिए थी। वह थोड़ा नर्म पड़ती है)

जाओ देखो कहीं कोई स्विचबोर्ड मिल जाए तो...

कैमरामैन : इतनी देर में चार्ज हो जाएगी?

शाल्कि : यह तो तुम्हें सोचना चाहिए ना? चांस तो लेना ही पड़ेगा।

(कैमरामैन वहाँ से चल पड़ता है। शाल्कि भीड़ की तरफ़ देखने लगती है। भीड़ से के.के. निकलता है। मंच के अगले भाग में आकर सिग्रेट सुलगाता है। माचिस की तीली फेंकने को हाथ उठाता है तो उसकी नज़र शाल्कि पर पड़ती है। वह उसके हाथ में पड़े माइक को ग़ौर से देखता है और उसकी तरफ़ बढ़ता है। वह विदेशी लहजे में उससे पूछता है)

के.के. : फ़्रॉम 'फ़ाइव डबल्यूज़'?

(शाल्कि अभी तनाव में है)

शाल्कि : या! 'फ़ाइव डबल्यूज़'

के.के. : व्हेयर इज सी.के.? आई सपोज़ इट इज़ हर बीट।

शाल्कि : शी इज़ ऑन लीव!

के.के. : आई सी! ऑउट ऑफ़ टाउन?

शाल्कि : येस, शी इज़ ऑन हनीमून!

के.के. : गोश! एट लास्ट शी मैरिड दैट थियेटर डायरेक्टर!

शाल्कि : नो शी मैरिड ए फ़िज़ियोथैरिपिस्ट।

के.के. : फ़िज़ियोथैरिपिस्ट?

(के.के. ज़ोर का ठहाका लगाता है। वह उम्मीद करता है कि शाल्कि भी उसके साथ ठहाका लगाएगी लेकिन शाल्कि चुप रहती है। के.के. भी चुप हो जाता है। वह परिचय के लिए हाथ बढ़ाता है)

के.के. : बाइ द वे आइ एम के.के. फ़्रॉम सी.एन.एन...आई डोंट राइट डबल 'के'...इट्स के. ई. के. ई...

(शाल्कि भी हाथ आगे बढ़ाती है)

शाल्कि : आई एम शाल्कि फ़्रॉम...

के.के. : फ़्रॉम 'फ़ाइव डबल्यूज़'! व्हाई दे डोंट नेम इट थ्री डबल्यूज़? दैट वुड बी

मोर इण्टरेक्टिव विद द व्यूअर्स। वाइन, वीमेन एंड वेल्द!

(अपनी बात पर ख़ुद ज़ोर से हँसता है। कैमरामैन वापस आता है। शाल्कि उससे पूछती है)

शाल्कि : कुछ हुआ?

कैमरामैन : स्विचबोर्ड तो मिल गया मगर...

शाल्कि : मगर?

कैमरामैन : काम नहीं कर रहा है।

शाल्कि : शिट! *(के.के. शाल्कि से पूछता है)*

के.के. : एनी प्रॉब्लम?

शाल्कि : बैटरी गॉट डिसचार्ज्ड!

(के.के. कैमरामैन के कंधे पर ज़ोर से हाथ मारता है)

के.के. : ओह मैन!

शाल्कि : वी हैव टू डू समथिंग बिफ़ोर दे कम।
(कैमरामैन से) कुछ करो

के.के. : इज़ इट योर फ़र्स्ट एसाइनमेंट?

शाल्कि : दिस इज माई फर्स्ट पॉलिटिकल असाइनमेंट...आई एम ऑन कल्चर डेस्क

के.के. : आई सी!

(कक्ष में अचानक सन्नाटा छा जाता है। मंत्री प्रवेश करता है। उसके पीछे-पीछे कमांडो। सारे पत्रकार उसको घेर लेते हैं)

के.के. : *(शाल्कि से)* इक्सक्यूज़ मी!

(वह भी अपना माइक संभालते हुए मंच के पिछले भाग में जाता है। शाल्कि कैमरामैन की तरफ़ देखती है। वह नजरें चुराता हुआ अपने कैमरे को ठीक करने लगता है। शाल्कि भी भीड़ की तरफ़ चली जाती है लेकिन अलग ही खड़ी रहती है। किसी की आवाज नहीं आती लेकिन सभी के हाव-भाव से लगता है जैसे बहुत गर्मागरम बहस हो रही हो। अचानक मंत्री की आवाज़ सुनाई देती है।)

मंत्री : नो कमेंट्स नो कमेंट्स!!

(वह वापस जाने के लिए मुड़ता है। पत्रकार उसके पीछे-पीछे भागते हैं। कमांडो उन्हें रोकते हैं। मंत्री चला जाता है। भीड़ से

के.के. निकलता है। उसके हाथ में बैटरी होती है। वह बैटरी सीधे कैमरामैन को थमाता है)

के.के. : ये लो, काम चलाओ।

शाल्कि : व्हाट इज़ दिस?

(के.के. शाल्कि की तरफ़ देखकर आँख मारता है)

के.के. : बैटरी फॉर द डे, मैम...ए गिफ़्ट ऑन योर फ़र्स्ट एसाइनमेंट!

(वह ज़ोर-ज़ोर से हँसता हुआ बाहर चला जाता है। सभी जा चुके हैं। कैमरामैन जल्दी-जल्दी बैटरी लोड करता है। शाल्कि मुँह बिचकाती है)

शाल्कि : अब क्या फ़ायदा?

(तभी मंच पर दूसरी ओर से एक आदमी आता हुआ नज़र आता है। हुलिये से वह भी कोई सांसद दिखाई देता है। उसे देखते ही कैमरामैन उसकी तरफ़ दौड़ जाता है। मजबूरन शाल्कि को भी उधर जाना पड़ता है)

शाल्कि : सर आई एम फ्रॉम 'फ़ाइव डबल्यूज़'...वी नीड योर बाइट...

सांसद : बाइट? व्हाट बाइट? आई हैव नथिंग टू डू विद व्हाट हैपंड इन द पार्लियामेंट।

शाल्कि : यही बोल दीजिए, सर!

सांसद : बोल तो रहा हूँ।

शाल्कि : कैमरे में प्लीज़!

सांसद : ओके!

(शाल्कि कैमरामैन को रोल करने का संकेत करती है और ख़ुद जल्दी-जल्दी माइक संभालती है)

शाल्कि : *(माइक में)* आज अन्दर क्या-क्या हुआ?

(माइक सांसद की तरफ बढ़ाती है)

सांसद : *(कैमरे में देखते हुए)* वही जो सालों साल से होता आ रहा है, संसदीय भाषा में आरोप और असंसदीय भाषा में आरोप का खंडन।

शाल्कि : सो, इट वाज़ ए स्टॉर्मिंग सेशन!

सांसद : यस, इट वाज़! बट द स्टार्म डिड नॉट कम फ्रॉम द अपोज़ीशन, इट केम फ्रॉम आवर ओन एलाइज़...दे आर इन द गवर्नमेंट बट दे आर नॉट विद

द गवर्नमेंट...दिस इज़ आयरनी ऑफ ए कोलिशन अरेंजमेंट एट द सेंटर।

(सांसद कुछ और कहना चाहता है लेकिन शाल्कि उसे बीच में ही रोक देती है जैसे उसका काम पूरा हो गया हो)

शाल्कि : थैंक यू सर...थैक यू वेरी मच!

(सांसद बाहर जाने लगता है। अचानक शाल्कि को कुछ याद आता है। वह दौड़कर उसके पास पहुँचती है)

शाल्कि : इक्सक्यूज़ मी सर, टेल मी योर गुड नेम प्लीज़!

(सांसद उसे घूरता है।)

सांसद : व्हाट!

शाल्कि : योर नेम... विद स्पेलिंग सर?

(सांसद को जैसे बहुत ज़ोर का ग़ुस्सा आ जाता है)

सांसद : आई एम सुदास वागले, द होम मिनिस्टर ऑफ़ योर कंट्री...

(वह पाँव पटकता हुआ बाहर चला जाता है। शाल्कि झुँझलाहट में माइक अपने माथे पर मारती है)

शाल्कि : टू हेल विद माई कल्चर डेस्क!

(अँधेरा)

दृश्य : दो

(शाल्कि का ड्राइंगरूम। शाल्कि कॉफ़ी पी रही है और मुकुल अख़बार की कतरनें काट रहा है)

शाल्कि : इट वाज़ रियली इम्ब्रेसिंग!

मुकुल : क्या?

शाल्कि : यही कि जिस शख्स से मैं बात कर रही हूँ, वह हमारा होम मिनिस्टर था...काश तुम उसकी आँखों में उभरे गुस्से को देख पाते, जब मैंने उसका नाम पूछा था।

मुकुल : विद स्पेलिंग!

शाल्कि : मेरा मज़ाक़ मत उड़ाओ मुकुल!

मुकुल : तो और क्या करूँ? तुम्हारा चैनल 24 घंटे में 240 बार बताता है कि बड़ा ही तेज़ चैनल है वह और उसकी रिपोर्टर का हाल यह है कि देश के होम मिनिस्टर को नहीं पहचानती है।

शाल्कि : कैसे पहचानूँगी? हर दूसरे महीने तो मिनिस्टर बदलते हैं...जब तक एक को पहचानो...तब तक दूसरा आ बैठता है कुर्सी पर...पाँच पार्टियों की कोलिशन है।

मुकुल : पाँच नहीं आठ!

शाल्कि : हाँ वही आठ...पाँच साल में इतने लोगों को एकोमोडेट करना है इसलिए कैबिनेट रिशफ़ल ऐसे होता है जैसे...जैसे...

(उसे शब्द नहीं मिलते हैं)

यू नो, प्रिडिक्टिंग ए कैबिनेट रिशफ़ल इज लाइक प्रिडिक्टिंग ए चाइल्ड्स बॉटम...वैसे भी आई एम नॉट ऑन पॉलिटिकल डेस्क...आई एम ऑन कल्चर डेस्क।

मुकुल : इट डज़ंट मैटर।

शाल्कि : इट मैटर्स! इट मैटर्स बिकॉज़ कल्चर डेस्क का मतलब है कल्चर और सिर्फ़ कल्चर...वह भी वह कल्चर नहीं जो टी.वी. के बाहर सड़क पर या घर के अन्दर दिखाई दे बल्कि वह कल्चर जो हर घंटे 20 मिनट की बुलेटिन में टॉप स्टोरीज़ के साथ डाला जा सके...जैसे दाल में तड़का।

मुकुल : अब हर डेस्क का एक स्पेशिलाइज़ेशन तो होगा ही।

शाल्कि : स्पेशिलाइज़ेशन डज़ंट मीन एलीनेशन, यह तुम ही कहा करते हो ना? और यहाँ तो एलिनेशन का हाल यह है कि डांस, ड्रामा, पेंटिंग वग़ैरह के आइट्म्स कंपाइल करते हुए यह याद ही नहीं रहता कि इसी देश में दंगे भी होते हैं और दलित औरत को नंगा करके परेड भी करवाया जाता है। तुम्हें चार्ली चैप्लिन की 'मॉडर्न टाइम्स' याद है जिसमें एक सीन था... फ़ैक्ट्री में काम करने वाला एक मकैनिक नट-बोल्ट टाइट करने का इस हद तक एडिक्ट हो जाता है कि हर गोल और पेंचदार चीज उसे नट-बोल्ट दिखाई देने लगती है जिस पर नजर पड़ते ही वह अपना स्क्रू-ड्राइवर लिए उसकी तरफ़ बढ़ जाता है।

मुकुल : तुम शायद ओवर-रियेक्ट कर रही हो।

शाल्कि : मुकुल कभी-कभी मुझे तुम पर शक होने लगता है।

मुकुल : कैसा शक?

शाल्कि : यही कि तुम अंदर-अंदर बदलते जा रहे हो।

मुकुल : तुम फिर ओवर-रियेक्ट कर रही हो।

शाल्कि : तुम्हारे मामले में मैं ओवर-रियेक्ट तो क्या, कुछ भी कर सकती हूँ।

मुकुल : मतलब?

(शाल्कि उठकर उसके पास जाती है और नक़ली ग़ुस्से के साथ उसका कॉलर पकड़ लेती है)

शाल्कि : अगर तुम बदल गए ना?

(मुकुल भी इस खेल का मज़ा लेता है)

मुकुल : तो?

(शाल्कि उसकी गर्दन उतार लेने का अभिनय करती है)

शाल्कि : तो समझो खल्लास!

(दोनों हँस पड़ते हैं। मुकुल अख़बार की एक कतरन शाल्कि की त रफ़ बढ़ाता है)

मुकुल : यह लो!

शाल्कि : क्या है?

मुकुल : एकेडमी ऑफ़ लेटर्स के चेयरमैन का बायोडाटा है, तुम्हारे काम आएगा।

(शाल्कि कतरन पढ़ती हुई वापस अपनी जगह पर आती है)

शाल्कि : इसने तेरह किताबें लिखीं है, और सभी की सभी अंग्रेजी में! यार, यह तो पंजाबी का लेखक है ना?

मुकुल : है तो पंजाबी का लेखक लेकिन अभी तक पंजाबी में इसकी कोई किताब नहीं आई है।

शाल्कि : अंग्रेजी में भी जो किताबें हैं उनके टाइटिल सुनो... 'टू बी ऑर नॉट टू बी', 'द मेटाफ़ोरिकल ट्रीटमेंट ऑफ मेटलर्जी इन मेटाफ़िज़िक्स', 'लैट्रल लीडरशिप इन द लैंड ऑफ़...'

(वह शब्दों के साथ उलझती है)

मुकुल : ...इन दी लैंड ऑफ़...।

(वह शब्द की स्पेलिंग बोलने लगती है)

शाल्कि : एच...ओ...यू...एच...एन...एम...एस...

मुकुल : ह्विनिनिम्स... लैट्रल लीडरशिप इन द लैंड ऑफ़ ह्विनिनिम्स!

शाल्कि : ओह! 'गलीवर्स ट्रैवल्स'...आगे सुनो

मुकुल : यार इतना ही काफ़ी है ये बताने को कि भाई साहब किसी भारतीय भाषा के लेखक हैं।

(शाल्कि अपनी जगह बैठ जाती है लेकिन उसकी नज़रें अब भी कतरन पर फिसल रही हैं)

शाल्कि : तेरह किताबों के साथ इनके तीन बच्चों के बारे में भी लिखा है।

मुकुल : सब कुछ लिखा होगा मगर एक बात नहीं लिखी होगी इनके बारे में...

शाल्कि : क्या?

मुकुल : ही इज़ ए ग्रेट वोमनाइज़र!

शाल्कि : अरे 62 साल का आदमी वोमनाइज़र क्या होगा?

मुकुल : वायग्रा इन्हीं लोगों के लिए बनाई गई है *(दोनों हँसते हैं)*

शाल्कि : तुम भी? आख़िर तुम को यह सब बताता कौन है?

मुकुल : अपना तो एक ही सोर्स है, विश्वसनीय सोर्स...

शाल्कि : घावरी?

मुकुल : हाँ घावरी!

शाल्कि : ऐसी ख़बरें बस वही जानता है।

मुकुल : बस वही जानता है इसीलिए तो पाँच सालों से प्रोड्यूसर है 'बियोंड द हेडलाइंस' का।

शाल्कि : घावरी के यहाँ गए हुए कितने दिन हो गए, अंबा भी क्या सोचती होगी?

मुकुल : उसे घावरी कुछ सोचने देता होगा तब ना?

शाल्कि : फिर भी हमें जाना तो चाहिए ना? एक ही शहर में रहते हुए भी इतने-इतने दिन हो जाते हैं एक दूसरे की शक्ल देखे हुए...किसी को क्या जवाब देगें?

मुकुल : कोई जवाब माँगे तब ना? घावरी इस तरह के हिसाब-किताब नहीं रखता कि कौन उसके घर कितनी बार आया और उसे किसके घर कितनी बार जाना चाहिए। वह कहता है रिश्तों का पास-बुक नहीं खोलना चाहिए कि हर महीने डेबिट- क्रेडिट ही देखते रहें।

शाल्कि : वैसे भी हम जब-जब उनके यहाँ जाने की सोचते हैं वो ख़ुद ही चले आते हैं।

(दरवाज़े की घंटी बजती है। शाल्कि दरवाज़ा खोलने के लिए बाहर जाती है। बाहर से कई लोगों के हँसने की आवाज़ आती है)

मुकुल : कौन है शाल्कि?

(घावरी अंदर आता है। उसके पीछे-पीछे उसकी पत्नी अंबा। उन्हें देखकर मुकुल उठता है)

मुकुल : अरे, घावरी एंड फ़ैमिली! अभी-अभी शाल्कि कह रही थी...

घावरी : कि तुम लोग जब भी हमारे घर जाने की सोचते हो हम ख़ुद ही चले आते हैं

मुकुल : एक्ज़ैक्टली!

(शाल्कि भी अंदर आती है)

घावरी : *(अंबा से)* तुम इसे कॉम्पलीमेंट समझ रही होगी, दरअसल यह शिकायत है कि साले जब देखो इधर ही चले आते हैं मरने। हमें कभी मौक़ा ही नहीं देते...

मुकुल : उधर जाकर मरने का!

(सभी हँस पड़ते हैं)

अंबा : *(शाल्कि से)* आज इनका ऑफ़ था सो मुझसे कहने लगे कि शाल्कि की डे शिफ़्ट चल रही है, अभी दोनों घर पर होंगे...चलो मिल आते हैं।

घवरी : हाँ भैया एक छत के नीचे तुम दोनों एक साथ... यह नज़ारा तो रेयर ही है, इसलिए सोचा कि अंबा की साइट सीइंग भी हो जाएगी।

(एक बार फिर सभी हँसते हैं)

शाल्कि : अब आ गए हो तो...

घावरी : बैठ भी जाएँगे। बैठो यार अंबा तुम भी बैठो...

(सभी अपनी-अपनी जगह बैठते हैं)

मुकुल : *(घावरी से)* इससे पहले कि तुम्हारी नॉन - स्टाप बकवास शुरू हो, यह बता दो कि डिनर यहीं ठूँसोगे?

घावरी : ऑफ़ कोर्स! लेकिन इंडिया-पाकिस्तान के कल्चरल एक्सचेंज की तरह...

मुकुल : मतलब?

घावरी : *(अंबा से)* मतलब तुम्हीं समझाओ।

(अंबा अपने बैग से लंच बॉक्स निकालती है)

अंबा : अरे कुछ मतलब-वतलब नहीं है। आज मुझ पर बहुत प्यार आया तो किचन में घुस गए और फ़्रीजर में जितनी सब्ज़ियाँ थीं सभी के साथ कुछ न कुछ कर डाला।

घावरी : 'कुछ न कुछ कर डाला' का क्या मतलब? दिस इज़ नॉट द प्रॉपर वे टू एप्रिशिएट द आर्ट ऑफ़ योर हसबैंड। इट वाज़ एन एक्सिप्रिमेंट...एन एक्सिप्रिमेंट विद ग्रीन ट्रुथ।

(सभी हँसते हैं)

शाल्कि : समझ गई!

मुकुल : क्या?

शाल्कि : एक्सिप्रिमेंट के बाद घावरी को लगा होगा कि इन्होंने जो माल तैयार किया है वह खायेगा कौन?

अंबा : मुकुल एंड फ़ैमिली के सिवा, सो हम चल पड़े इधर।

मुकुल : अच्छा तो हम इनके लिए गिनी पिग्स हैं।

घावरी : जहाँ तक़ तुम्हारा सवाल है, तुम तो सिर्फ़ पिग हो...ए पिग इन द रॉंग मार्केट!

(हँसी। अंबा उठती है)

अंबा : मैं ये लंच बॉक्स हॉटकेस में रख कर आती हूँ।

(वह लंच-बॉक्स उठाकर बाहर की तरफ जाती है)

शाल्कि : स्विच ऑन कर लेना... रूको तुमसे नहीं होगा...

(अंबा रूक जाती है। शाल्कि उसकी तरफ़ बढ़ती है)

अंबा : क्या हुआ?

शाल्कि : अरे यार! वह स्विच लूज़ है। उसमें माचिस की तीली लगानी पड़ती है, चलो...

(दोनों बाहर की तरफ़ जाती हैं)

घावरी : खाने का इंतज़ाम तो हो गया...अब रहा पीने का इंतज़ाम

मुकुल : रम पड़ी है, मँगा लो...

घावरी : अबे रम कौन पीएगा इस मौसम में, हम तो ये रसद भी घर से ही लाए हैं।

(अंबा के बैग से ही व्हिस्की की बोतल निकालता है)

ये रही अपनी बैग पाइपर।

(अंबा को आवाज़ देता है)

अंबा गिलास और आइस लेती आना।

(वह टेबल पर फैली चीज़ों को एक तरफ़ सरकाता है और बोतल को बीचोंबीच रखता है। मुकुल की तरफ़ देखे बिना बोलता है)

आज दयाल से बात हुई।

मुकुल : क्या कहता है?

घावरी : कह रहा था तुम्हारी फ़ाइल विजिलेंस को भेजी गई है।

मुकुल : मेरे केस में विजिलेंस का क्या रोल?

घावरी : तुम्हारी फ़ाइल वहाँ-वहाँ जाएगी जहाँ-जहाँ इसे नहीं जाना चाहिए।

मुकुल : मैं समझता हूँ।

घावरी : पता नहीं समझते हो कि नहीं, तुम तो अभी तक यही समझ रहे थे कि मामला सिर्फ ब्यूरोक्रेसी और लाल-फ़ीताशाही का है जबकि हक़ीक़त यह है कि इस बार उनकी दिलचस्पी फ़ाइल में नहीं...आदमी में है।

(अंबा दो गिलास लिए हुए प्रवेश करती है)

अंबा : *(घावरी से)* कुछ अक़्लमंदी की बातें कर रहे थे क्या?

घावरी : *(मुकुल की तरफ़ संकेत करते हुए)* इनसे और अक्लमंदी की बातें? ही इज़ मैच्योर इन डलनेस, हिज़ जेनुइन नाइट एडमिट्स नो रे...यह ड्रायडेन ने शैडवेल के लिए कहा था 'मैक फ्लेकनो' में और अब मै कह रहा हूँ इनके लिए, इनके घर में...

(शाल्कि एक ट्रे में आइस बॉक्स और स्नैक्स लेकर आती है। उसने घावरी की आख़िरी बात सुन ली थी)

शाल्कि : क्या हो गया घर में?

(वह सीधे टेबल तक आती है और ट्रे का सामान टेबल पर सजाने लगती है। अंबा उसकी मदद करती है। शाल्कि घावरी की तरफ़ देखकर पूछती है)

हाँ तो तुम क्या कह रहे थे इनके लिए, इनके घर के बारे में...

घावरी : *(मुकुल से)* यार तुम्हीं बताओं मैं क्या कह रहा था।

मुकुल : घावरी आज दयाल से मिला था।

शाल्कि : तो?

मुकुल : दयाल बता रहा था कि मेरी फ़ाइल विजिलेंस में भेजी गई है।

शाल्कि : विजिलेंस में क्यों?

(घावरी झुंझला जाता है)

घावरी : यार तुम मियां-बीवी एक ही मिट्टी के बने हो। जो सवाल मियां पूछता है, ठीक वही सवाल दस मिनट के बाद बीवी पूछती है। **(मुकुल की तरफ़ देखते हुए)** यह हज़रत तीन साल से सस्पेंड पड़े हैं। ख़ुद तो झेल ही रहे हैं, इनके साथ तुम भी झेल रही हो तीन साल से। इनकी फ़ाइल कभी स्टाफ कमेटी के पास होती है तो कभी इनक्वायरी कमेटी के पास, कभी मिनिस्ट्री में तो कभी विजिलेंस सेक्शन में। रिइंस्टालेशन की बात तो दूर, अभी तक तो चार्जशीट भी तैयार नहीं की गई है और

इनको इन सब में कोई डिज़ाइन, कोई मेथड नहीं दिखाई देता।

मुकुल : *(मुस्कराते हुए)* दैट्स ऑल मैडनेस एंड नो मेथड।

घावरी : यहीं भूल कर रहे हैं आप मिस्टर मुकुल चटवाल। मामला सिर्फ फ़ाइल के मूवमेंट का नहीं है, मामला आपके इनसर्बोडिनेशन या इनडिसप्लिन का भी नहीं है। असली प्रॉब्लम कुछ और है।

शाल्कि : क्या है असली प्रॉब्लम?

घावरी : *(ठहर-ठहर कर) असली प्रॉब्लम यह है कि ये उनकी तरह क्यूँ नहीं हैं?* ***(अचानक मौन। सभी एक गंभीर चुप्पी के साथ ख़ुद को किसी काम में उलझा लेते हैं। थोड़ी देर में चुप्पी बर्दाश्त से बाहर हो जाती है। मुकुल पेग बनाने लगता है। वह गिलास घावरी की तरफ़ बढ़ाता है। घावरी एक-दो घूँट लेता है और फिर शांत स्वर में चुप्पी तोड़ता है)*** मैने उसी वक़्त कहा था, भाई सेटेलाइट चैनल की बूम आई हुई है। रोज़ नए-नए चैनल खुल रहे हैं...मैं तो जा रहा हूँ बहती गंगा मे हाथ धोने, तू भी साथ चल...लेकिन बिरादर कहने लगे, ऑल इंडिया रेडियो एक पब्लिक ब्रॉडकास्टिंग सिस्टम है, यह एक सोशली रिस्पांसिबल मीडियम है। प्राइवेट चैनल तो बस अंडरवियर-बनियान बेचने के लिए खुल रहे हैं...वहाँ मेरा क्या काम? देख लीजिए उसी सोशली रिस्पासिबल मीडियम ने क्या हश्र कर दिया है आपका...अगर बीवी कमा नहीं रही होती तो ख़ुद अंडरवियर-बनियान बेचने लगते अब तक!

(मुकुल घावरी की झुंझलाहट पर हँस देता है)

मुकुल : अंडरवियर-बनियान बेचता तो ठीक तेरे घर के सामने बेचता।

घावरी : क्यूँ? मेरे घर के सामने क्यूँ?

मुकुल : ताकि ग्लोबलाइज़ेशन के ज़माने में सोशल कमिटमेंट रखने वालों को कोसने के लिए तुझे इधर-उधर ना जाना पड़े।

घावरी : वह तो अब भी नहीं जाना पड़ता है।

(सभी मुस्करा पड़ते हैं)

मज़ाक छोड़ो। जाकर दयाल से मिल लो।

मुकुल : उससे नहीं मिलूंगा

घावरी : क्यूँ?

मुकुल : दलाल है साला!

घावरी : दलाल है इसिलिए तो काम का है। वैसे भी सोवियत कोलैप्स के बाद तीसरी दुनिया का समाज सपने देखने वालों का नहीं बल्कि दलालों और शेयर होल्डरों का समाज होकर रह गया है। यह बात आप जितनी जल्दी समझ जाएँ, आपके लिए उतना ही अच्छा है।

मुकुल : विरोध की परंपरा भी तीसरी दुनिया के समाज की ही देन है।

घावरी : जिस विरोध की परंपरा की आप बात कर रहें हैं वह तो ख़ुद इतनी भुरभुरी निकली कि उधर लेनिन का स्टेच्यू गिरा और इधर आपके होल-टाइमर्स मैकडोनाल्ड में जा बैठे क्राइसिस ऑफ यूनिपोलर वर्ल्ड पर विचार करने को।

मुकुल : देखो!

(मुकुल आगे कुछ बोले इसके पहले ही अंबा टोक देती है)

अंबा : नो पॉलिटिक्स, प्लीज़!

घावरी : अरे कैसे नहीं आएगी पॉलिटिक्स *(मुकुल की तरफ़ इशारा करते हुए)* इनसे इनकी बात करो और पॉलिटिक्स ना आए, यह कैसे हो सकता है? आख़िर इनसे किसने कहा था कि एक सड़ियल से स्टूडियो में बैठकर आकाशवाणी के माइक के सामने प्राइम टाइम में न्यूज़ पढ़ने के बजाए अपनी क़ाबलियत बघारें?

अंबा : आख़िर इन्होंने कहा क्या था?

घावरी : वह इनसे ही सुनो...

अंबा : *(मुकुल से)* मुकुल, मैं न जाने कितनी बार यह वाक़या सुन चुकी हूँ लेकिन मुझे अभी तक नहीं मालूम कि तुमने उस न्यूज़ बुलेटिन में क्या पढ़ा था जो तुम्हें सस्पेंड किया गया।

मुकुल : जाने दो, पुरानी बात हो गई।

शाल्कि : बात पुरानी ज़रूर हो गई लेकिन मुकुल को पूरा टेक्स्ट अभी तक याद है।

अंबा : मुकुल! सुनाओ ना आख़िर उस रात रेडियो पर तुमने क्या पढ़ दिया था?

घावरी : अब सुना भी दो ताकि ये आनेवाली पीढ़ियों को सुना सके...लेजेंड्स ऐसे ही बनते हैं।

(मुकुल गला साफ़ करता है और रेडियो के समाचार-वाचक की तरह बोलने लगता है)

मुकुल : "यह आकाशवाणी है। अब आप मुकुल चटवाल से प्रादेशिक समाचार सुनिए। आज का मुख्य समाचार यह है कि आकाशवाणी के राँची केंद्र में पिछले एक साल से न तो समाचार संपादक है और ना ही संवाददाता। यहाँ तक कि एक चपरासी भी नहीं है। इस बारे में कई बार केंद्रीय मंत्रालय को लिखा भी गया लेकिन वहाँ किसी के कान पर जूँ तक नहीं रेंगती। बड़े दुख के साथ हम अपने श्रोताओं को यह सूचित करते हैं कि आकाशवाणी के राँची केंद्र से अब कोई समाचार नहीं होगा। न सुबह 9 बजे, न शाम 7 बजे। समाचार समाप्त हुआ।"

(सभी ज़ोर-ज़ोर से हँसते हैं)

अंबा : इस पर तो इन्हें टर्मिनेट हो जाना चाहिए।

अंबा : हो जाते, टर्मिनेट भी हो जाते अगर उस वक़्त कोई ट्रांसमीशन एक्ज़िक्यूटिव अपने लॉगबुक के साथ वहाँ होता।

अंबा : हद कर दी तुमने भी मुकुल!

घावरी : हद तो आगे की इन्होंने, उस बुलेटिन को पढ़ने के बाद जो वक़्त बचा था उसमें सुनने वालों को पाश की कविताएँ सुनाने लगे।

(एक बार फिर सभी ज़ोर से हँसने लगते हैं)

और इसी को यह रिवोल्यूशन समझते हैं... रिवोल्यूशन बाई ए पब्लिक।

मुकुल : नहीं। रिवोल्यूशन बाई ए पब्लिक सरवेंट...

(ज़ोर का ठहाका)

लाओ अपना गिलास इधर लाओ।

(अँधेरा)

दृश्य : तीन

(शाल्कि का शयन-कक्ष। शाल्कि नाइटी में है। शाल्कि ड्रेसिंग-टेबूल के सामने खड़ी अपने बाल सुलझा रही है और मुकुल बिस्तर पर लेटा एक किताब के पन्ने पलट रहा है)

शाल्कि : अब बात मेरी भी समझ में आ रही है।

मुकुल : कौन सी बात?

शाल्कि : कि तुम्हारी फ़ाइल मूव क्यूँ नहीं कर रही है।

मुकुल : लगता है कि तुम भी घावरी की बातों में आ गई। सौ करोड़ की आबादी वाले देश के सरकारी दफ़्तरों में हर आदमी सिर्फ़ एक फ़ाइल है और हर फ़ाइल की मूवमेंट के पीछें सिर्फ एक ही क़ानून काम करता है ...न्यूटनूस फर्स्ट लॉ ऑफ मोशन यानि फ़ाइल तब तक इनर्शिया में पड़ी रहेगी जब तक कि उस पर कोई एक्सटर्नल फ़ोर्स नहीं अप्लाई किया जाएगा और हमने अब तक कोई एक्सटर्नल फ़ोर्स अप्लाई ही नहीं किया क्योंकि एक्सटर्नल फ़ोर्स का मतलब है रिश्वत या पैरवी और मैं इस गंदगी में नहीं पड़ सकता।

शाल्कि : घावरी भी तुम्हारे इसी प्यूरीटनिज़्म की बात कर रहा था।

मुकुल : नहीं। वह मुझे एक आडियलिस्ट समझता है। एक स्टूपिड आडियलिस्ट। इसलिए टूटते-फूटते आइडियलिज़्म के जितने भी बुरे उदाहरण हैं, उन्हें वह मेरे सामने ताश की गड्डी की तरह फेंटता रहता है... यह जाने बग़ैर कि इन द अबसेंस ऑफ़ अल्टरनेटिव पॉलिटिक्स आइडियलिज़्म इज नॉट द् ओनली कैजुएलिटी। द लिस्ट ऑल्सो इनक्लुड्स फ़ेथ एंड ड्रीम। फेथ इन मैन एंड ड्रीम फॉर ए बेटर वर्ल्ड।

शाल्कि : तुम्हें इस लिस्ट का पता है इसीलिए तो घावरी की बात और भी सच्ची

मालूम होती है।

मुकुल : क्या?

शाल्कि : यही कि उनकी असली प्रॉब्लम यह नहीं है कि तुम्हारा मामला इनसबॉर्डिनेशन या इंडिसप्लिन का है, उनकी असली प्रॉब्लम है कि तुम उनकी तरह नहीं हो।

(शाल्कि बालों का जूड़ा बनाते हुए ड्रेसिंग-टेबुल से हटती है। मुकुल की तरफ़ देखकर बोलती है)

और सच पूछो तो मेरी भी यही प्रॉब्लम है।

(मुकुल सवालिया निगाहों से उसकी तरफ़ देखता है। शाल्कि मुस्कराते हुए बात आगे बढ़ाती है)

अगर तुम भी इन्हीं की तरह होते तो मैं तुमसे हर्गिज़ शादी नहीं करती।

(मुकुल भी मुस्करा पड़ता है)

याद है तुम शादी की बात करने के लिए पापा से मिलने आए थे। पापा ने जब पूछा कि तुम्हारा पे-स्केल क्या है तो तुम इधर-उधर बग़लें झांकने लगे थे। थोड़ी देर चुप रहने के बाद तुमने कहा था, 'याद नहीं'। पापा की समझ में नहीं आया था कि ऐसे आदमी को क्या कहें जिसको अपना पे-स्केल भी याद नहीं। फिर उन्होंने पूछा।

(इस बार मुकुल पापा की नक़ल करते हुए कहता है)

मुकुल : बेसिक-पे कितना है, यह तो याद होगा?

(शाल्कि मुकुल की नक़ल करती है)

शाल्कि : आठ हज़ार...शायद आठ हजार तीन सौ!

मुकुल : *(पापा की तरह झुंझलाकर)* अरे भई या तो आठ हज़ार होगा या आठ हज़ार तीन सौ। इनक्रीमेंट कितमा है?

शाल्कि : *(मुकुल की नक़ल करते हुए)* इनक्रीमेंट? पाँच सौ शायद...

मुकुल : इसमें भी 'शायद'?

शाल्कि : *(अपनी आवाज़ में)* इसके बाद पापा ने कुछ नहीं कहा, सीधे मुझे ऑर्डर दिया... 'जाओ चाय ले आओ'!

मुकुल : तुम्हारे पापा भी ऐसे इंटरव्यू ले रहे थे जैसे मैं उनकी बेटी का हाथ माँगने नहीं उनके बैंक में एकाउन्ट खुलवाने आया हूँ।

शाल्कि : बाद में पापा के साथ तुम्हारा यह इंटरव्यू हमारे लिए एक फ़ैमिली जोक

बन गया।

(दानों हँसते हैं)

जब तुम पापा के प्रैक्टिकल क्वैस्चन का हाइपोथेटिकल अन्सर दे रहे थे तभी मुझे लगा कि आई एम राइट इन माई च्वाइस।

मुकुल : नॉउ सफ़र फ़ॉर दैट!

शाल्कि : नो। आई हैव नो रेग्रेट्स! मैं जानती हूँ अपनी आत्मा को बचाने के लिए यह कितना ज़रूरी है। आज सारा लफ़ड़ा ही इसी बात का है कि आप औरों की तरह क्यूँ नहीं हैं।

(शाल्कि बिस्तर की चादर ठीक करती है और मुकुल की बग़ल में लेट जाती है)

ख़ुद हमारे दफ़्तर का यही हाल है। कहने को समाज का सबसे पढ़ा लिखा, सबसे जानकार, सबसे जिम्मेदार तबक़ा यही है। कॉन्शंस-कीपर। द ओपीनियन-मेकर्स। लेकिन इन ओपीनियन-मेकर्स का न तो जीवन को लेकर कोई ओपीनियन है और न समाज को लेकर। छोटे-छोटे सपने और बड़ी-बड़ी कुंठाएं। सपने इस बात के कि जल्दी से जल्दी सत्ता के क़रीब पहुँचा जाए ताकि जिनके पास सत्ता नहीं है उनको इंप्रेस किया जा सके और कुंठा यह कि उसकी कमीज़ मेरी कमीज़ से सफ़ेद क्यूँ? ऐसे में तुम्हें देखती हूँ तो लगता है अभी मेरी आत्मा बची हुई है।

(शाल्कि मुकुल का हाथ अपने हाथों में लेती है)

वह कविता सुनाओ ना!

मुकुल : कौन-सी?

शाल्कि : वही जो तुमने सस्पेंड होने से पहले आकाशवाणी के श्रोताओं को सुनाई थी।

(मुकुल हँसने लगता है)

मुकुल : ओ पाश!

(मुकुल कविता पढ़ने लगता है। पहली दो पंक्तियाँ मुकुल की आवाज़ में। फिर ट्रैक पर मुकुल और शाल्कि दोनों की आवाज़ें। प्रकाश धीरे-धीरे मद्धिम होता है)

कविता

यह सब कुछ हमारे ही समय में होना था
वक़्त को रुक जाना था थके हुए युद्ध की तरह
और कच्ची दीवारों पर लटके कैलेंडरों को
प्रधानमंत्री का फ़ोटो बन कर रह जाना था
मेरे यारों, हमारे वक़्त का अहसास
बस इतना ही न रह जाए
कि हम धीरे-धीरे मरने को ही
जीना समझ बैठे थे
कि समय हमारी घड़ियों से नहीं
हड्डियों के खुरने से मापा गया

यह गौरव हमारे ही समय का होगा
यह गौरव हमारे ही समय का होना है

(अँधेरा)

दूसरा अंक

दृश्य : एक

(चार महीने बाद। घावरी का ड्राइंग-रूम। स्पॉट। घावरी फ़ोन पर मुकुल से बातें कर रहा है)

घावरी : चार महीने बीत गए मुकुल...जिस दिन मैं और अंबा तुम्हारे घर आए थे उसके दूसरे ही दिन मैंने कहा था कि तू उससे मिल ले...हम लोग मार्च में आए थे और अब जुलाई है जुलाई। हद कर दी यार तुमने। अरे दयाल से नहीं मिलना है मत मिल। इससे तो मिल ले। हो सकता है कोई ढंग का काम हो। वैसे फ़ॉर योर काइंड इनफ़ॉरमेशन जिस दयाल को तू दलाल समझता है ना वही नॉमिनेट हो रहा है इस बार राज्य-सभा में। समझ गए बच्चू! क्या कहा? उसे राज्य-सभा का मेंबर बनवाने में मेरा भी हाथ है। बेटा! इन दयालों को हमारी ज़रूरत नहीं है। इन्हें ज़रूरत होती है अपने से बड़े दयालों की जो इन्हें देर-सवेर मिल ही जाते हैं। तेरी समझ में यह पॉलिटिकल क्रिटिक तो आ जाना चाहिए। अगर नहीं आया तो कोई बात नहीं, अगली बार समझा दूँगा। तू आज जाकर फ़िल्म वाली बात कर ले...ठीक है? जाएगा ना? गुड! जेंटलमैन्स प्रॉमिस? ओके शाबाश! तू मिल ले फिर बात करते हैं... बॉय-बॉय।

(घावरी के फ़ोन रखते ही मंच के दूसरे भाग में अलार्म-घड़ी बज उठती है। पूरे मंच पर प्रकाश। अंबा घड़ी से उलझी नज़र आती है। घावरी को देखते ही वह घड़ी उसकी तरफ़ बढ़ाती है)

अंबा : यह लो!

(घावरी आगे बढ़कर घड़ी ले लेता है)

घावरी : ले लिया, अब क्या करूँ?

अंबा : ठीक करो, और क्या?

घावरी : आख़िर इसमें हुआ क्या है?

अंबा : अलार्म नहीं बजता।

घावरी : अभी तो बज रहा था, एकदम सही-सही।

अंबा : अलार्म बजता सही-सही है मगर ग़लत वक़्त पर।

घावरी : मतलब?

अंबा : अभी जो अलार्म बज रहा था, वह कल के लिए लगाया था...कल के लिए!

(घावरी घड़ी वापस करता है)

घावरी : तब तो वापस रख लो, इसका कुछ नहीं हो सकता।

अंबा : क्यूँ?

घावरी : यह भी मुकुल की तरह है? दोनों सही बजते हैं पर ग़लत वक़्त पर।

(अंबा सोफ़े पर बैठ जाती है और ख़ुद ही घड़ी ठीक करने लगती है। घावरी भी कमरे को ठीक करने में व्यस्त हो जाता है)

अंबा : आख़िर तुम मुकुल के पीछे क्यूँ पड़े रहते हो?

घावरी : दुनिया पीछे पड़े, इससे तो बेहतर यही है कि मैं उसके पीछे पड़ूँ।

अंबा : दुनिया का पीछे पड़ना तो समझ में आता है लेकिन तुम हरदम उसे क्यूँ जताते रहते हो कि वह ग़लत है, अपनी हर बात में ग़लत।

(घावरी गंभीर हो जाता है। वह भी अंबा के ठीक सामने सोफ़े पर बैठ जाता है)

घावरी : तुम्हारे ख़्याल में मैं उसे हरदम जताता रहता हूँ कि वह ग़लत है, अपनी हर बात में ग़लत!

अंबा : और नहीं तो क्या? मौक़ा-बेमौक़ा उसकी नौकरी की बात को लेकर बैठ जाते हो ताकि उसकी एक-एक ग़लती को बीना जा सके, चावल के दाने की तरह और उसको कोंच-कोंच कर बताया जा सके कि उसके सस्पेंशन में किसी और का नहीं बल्कि उसका अपना और सिर्फ़ उसका रोल है।

घावरी : हाँ, यही बताना चाहता हूँ मैं उसे।

अंबा : मगर क्यूँ?

घावरी : इसलिए कि मैं उसका दोस्त हूँ।

अंबा : अच्छी दोस्ती निभा रहे हो तुम।

घावरी : तुम कुछ नहीं जानती।

अंबा : क्या नहीं जानती?

घावरी : मुकुल बीमार है। ही इज़ ए सिक मैन!

अंबा : क्या बक रहे हो?

घावरी : हाँ, मै ठीक कह रहा हूँ। उसका अपने बारे में यह सोचना कि वह दूसरों से अलग है और इस हद तक सोचना कि वह सचमुच सबकुछ से अलग हो जाए...जिस ज़मीन पर चलता है, उससे। जिस आसमान के नीचे सोता है, उससे। जिस हवा में साँस लेता है, उससे। यहाँ तक कि अपने समय से...यह बीमारी नहीं है तो क्या है?

अंबा : ओ, तो तुम्हें यह बीमारी लगती है? आख़िर इसमें बुराई क्या है?

घावरी : ऐसी अच्छाई की ज़रूरत क्या है जिसके सामने दूसरे बौने लगें?

अंबा : एक बात कहूँ?

(घावरी अंबा की तरफ़ सवालिया नज़रों से देखता है)

तुम दोस्ती नहीं निभा रहे हो। तुम दरअसल अपना डर भगा रहे हो।

घावरी : डर?

अंबा : हाँ, डर। तुम जिन बातों को मुकुल की ग़लतियाँ बताकर बार-बार उसे बींधने की कोशिश करते हो, वे मुकुल की ग़लतियाँ नहीं तुम्हारे अपने डर के साये हैं।

घावरी : मेरा डर? मुझको कैसा डर?

अंबा : मुकुल के आगे बौने दिखने का डर। तुम्हें उसकी ग़ल्तियों से चिढ़ नहीं, उसके विचारों से डर है।

(एक तनावपूर्ण मौन। घावरी टहलता हुआ मंच के अगले भाग में आता है। फिर पलटकर अंबा से पूछता है)

घावरी : बाई द वे! उसके विचारों मे ऐसा क्या है जिससे मुझे डर लगता होगा?

अंबा : तुम्हें मालूम है।

घावरी : तुम बता दो तो मुझे और अच्छी तरह मालूम हो जाएगा।

अंबा : बुरा मानने की ज़रूरत नहीं। मैं ये सब सिर्फ़ इसलिए बोल रही हूँ कि कोई दूसरा तुम्हें नहीं बताएगा ये सब...और बात इतनी बिगड़ जाए कि मुकुल तुम्हें या तुम मुकुल को नफ़रत करने की हद तक बुरे लगने लगो, इससे पहले यह जान लेना ज़रूरी है कि...

घावरी : उसके विचारों में ऐसा क्या है जिससे मुझे डर लगता होगा?

(अंबा एक निश्चय के साथ उठती है और घावरी के पास आती है)

अंबा : मुकुल के विचारों से ऐसा हर आदमी डरता होगा जो दिन-भर किसी भी चीज़ के लिए 'न' नहीं कह पाता, फिर भी रात को चैन से सो लेता है।

(घावरी अंबा से आँखें चुराने लगता है। अंबा का संवाद जारी रहता है)

उसके विचारों से वह डरता होगा जिसे आज सब कुछ क़ुबूल है...झूठ, धोखा, बेशर्मी सब कुछ...हमने यह मान लिया है कि सबकुछ चलता है और सबकुछ चलेगा। प्रपंच भी चलेगा और विश्वासघात भी। कपट भी चलेगा और कपटी भी।

घावरी : मुकुल को भी मान लेना चाहिए यह। जितनी जल्दी वह मान ले...

(अंबा उसको बीच में ही टोक देती है)

अंबा : कभी नहीं मानेगा वह।

घावरी : क्यों?

अंबा : क्योंकि उसके विचारों में 'न' कहने की ताकत है, रद्द कर देने का सामर्थ्य है, एक पुंसत्व है।

(घावरी अंबा को गहरी नज़रों से देखता है)

घावरी : तो मैं नपुंसक हूँ!

(अंबा कुछ कहने का प्रयास करती है लेकिन घावरी हाथ के संकेत से उसे मना कर देता है)

दरअसल क़ुसूर तुम्हारा नहीं। क़ुसूर उस सोच का है जिसकी चकाचौंध में तुम ख़ुद अपनी नज़र खो बैठी हो और यह नहीं देख पा रही हो कि मुझे मुकुल के विचारों से भय नहीं होता बल्कि उसके विचारों पर दया आती है। मुझे दया आती है उस आदमी की बेबसी पर जो भरी

दुपहरिया में आँखें मूँदे बैठा है और ज़िद पर तुला है कि 'अभी रात है'। वह एक ऐसी दुनिया में जीने की हठ कर रहा है जिसकी असलियत तितलियों के पंख पर लगे ख़ुशनुमा रंग की तरह है... ज़रा सा मसलो और ग़ायब... जब चारों तरफ़ सोने के सिक्के चल रहे हों तो ताँबे का सिक्का चलाना जुर्म है और मैं मुकुल के विचारों से नहीं उस दिन से डरता हूँ जब उसे इस जुर्म का मुजरिम घोषित कर दिया जाएगा और दूर किसी टापू में फेंक दिया जाएगा, पुराने ज़माने के किसी संक्रमित रोगी की तरह...मैं उसे बचाना चाहता हूँ...मुझे उसे बचाना ही होगा...हमारे रिश्तों का तक़ाज़ा यही है।

(घावरी बाहर निकल जाता है। अंबा वहीं खड़ी रहती है)

(अँधेरा)

दृश्य : दो

(प्रेस क्लब की कैंटीन। लोग बहुत कम हैं। मुकुल गहरे लाल रंग की शर्ट पहने मेज पर अकेले बैठा किसी का इंतज़ार कर रहा है। कुछ देर बाद के.के. आता है। वह इधर-उधर देखता है और सीधे मुकुल के पास जाता है।)

के.के. : मिस्टर मुकुल?

मुकुल : ओह येस!

के.के. : *(उत्साहित होकर हाथ आगे बढ़ाता है।)* आई एम के.के. ... आई डोंट राइट डबल 'के'। इट्स के -ई-के-ई। के.के. फ्रॉम सीएनएन।

(मुकुल मुस्कराता है और खड़े होकर हाथ मिलाता है)

मुकुल : मैं आपका ही इंतज़ार कर रहा था।

(के.के. सामने रखी कुर्सी पर बैठता है)

के.के. : मैं जेनरली लेट नहीं होता और उस वक़्त तो हर्गिज़ नहीं जब आई एम सपोज़्ड टू रीच समवेयर टू टॉक बिज़नेस ऑनली। मगर आज ज़रा मुश्किल हो गयी...

(मुकुल उसकी तरफ सवालिया नज़रों से देखता है)

इधर के लिए निकल ही रहा था कि मेरी गर्लफ्रेंड आ धमकी...

(मुकुल उसी तरह देखता रहता है)

मेरी सातवीं गर्लफ्रेंड... और उसे दस मिनट में अपने उस सवाल का जवाब चाहिए था जो वह पिछले दस दिनों से मुझसे कर रही थी...

(के.के. लड़की की आवाज़ की नक़ल करता है।)

'टेल मी यू आर एविलेबल टू मी ऑर नॉट?'

उसे इस सवाल का जवाब चाहिए था और वह भी एकदम स्ट्रेट जवाब। मैने सोचा दस मिनट देर सही। इसे जवाब दे ही दूँ। एकदम स्ट्रेट जवाब...

(मुकुल उसकी तरफ देखता रहता है।)

सो आई टोल्ड हर... ''फिज़िकली, येस। इमोशनली, नो।''

मुकुल : मतलब?

के.के. : मतलब क्या? आई एम एविलेबल टू हर, बट नॉट इमोशनली (**मौन**) मेरे पास दस ही मिनट थे और दस मिनट में झूठ नहीं बोला जा सकता। मेरा मतलब है अच्छा रोमान्टिक झूठ। इसलिए मैने सच बोल दिया...

(मुकुल उसे वैसे ही देखता रहता है)

आप डर गए? आप सोच रहे होगे कि अब क्या होगा? अरे भई होगा-वोगा कुछ नहीं। मेरी गर्लफ्रेंड को कोई फ़र्क़ नहीं पड़ता। बहुत बिंदास लड़की है। मै उसके लिए फिज़िकली अवलेबल हूँ और इमोशनली अवलेबल नहीं हूँ--वह इस सच्चाई को बिल्कुल उसी तरह से क़ुबूल कर लेगी जिस तरह लोग डिनर में भिंडी की जगह करेला क़ुबूल कर लेते हैं...यही तो उसकी असली यू.एस.पी. है।

मुकुल : क्या

के.के. : शी इज़ ओके विद ट्रुथ!

(मौन) यहाँ से मैं सीधे उसके पास जाऊँगा। आज रात हम दोनों दस मिनट के सच को सेलिब्रेट करेंगे। मैं यह सच बोलकर और वह यह सच सुनकर जिस तरह रिलीव्ड हो गई उससे तो यही महसूस हुआ कि हम दोनों को शाम भी साथ ही गुज़ारनी चाहिए। मगर यहाँ आपसे मिलना था। सो शाम गुज़ारने वाला आइडिया ड्राप करना पड़ा। कमिटमेंट इज़ कमिटमेंट। क्यूँ?

के.के. : आपके मुँह से 'कमिटमेंट' सुनना अच्छा लगा।

के.के. : व्हाट ए सटायर!

(ज़ोर से हँसता है। वह बात बदल देता है)

क्या पीयेंगे? बीयर या चाय? यह प्रीविलेज, प्रेस कैंटीन में ही है कि बीयर और चाय दोनों एक ही काउंटर पर मिल जाती हैं।

मुकुल : फ़िलहाल चाय पीते हैं।

(के.के. पास से गुज़रते हुए वेटर को बुलाकर चाय का आर्डर देता है। वेटर सिर हिलाता हुआ चला जाता है)

मुकुल : आपने मुझे पहचाना कैसे?

के.के. : आपकी रेड शर्ट से!

मुकुल : मतलब?

के.के. : घावरी ने आपके बारे में जितना कुछ बताया था उससे यही लगा कि आप हमेशा रेड शर्ट ही पहनते होंगे।

(मुकुल हँस देता है)

(चिढ़ाते हुए) मगर हम लोग जो करने जा रहे हैं, हो सकता है उसमें यह लाल कमीज़ उतारनी पड़े।

मुकुल : तब तो आपने ग़लत आदमी चुन लिया है।

के.के. : पिछली सदी के जितने ग़लत आदमी थे, वे इस सदी में सही हो रहे हैं। देयरफ़ोर यू शुडंट लूज़ होप इन योरसेल्फ।

(मुकुल ज़ोर से हँसता है)

मुकुल : आपको मुझमें कोई उम्मीद दिखई देती है, यह बड़ी बात है वरना...

के.के. : नेवर माइंड!

मुकुल : वैसे प्रोजेक्ट क्या है?

के.के. : प्रोजेक्ट नहीं प्रोपेगंडा है। मिनिस्ट्री ऑफ़ ट्राइबल वेलफेयर एक फिल्म बनाना चाहती है। अर्बनाईज़ेशन ऑफ़ ट्राइबल सोसाइटी पर। स्टेट मिनिस्टर मेरा दोस्त है। इसलिए फ़िल्म मुझको मिल गई। जब फ़िल्म मिली तो एक ऐसे आदमी की ज़रूरत महसूस हुई जिसका ट्राइबल सोसाइटी से फ़र्स्ट हैंड इंट्रेक्शन हो। वैसे तो फ़र्स्ट हैंड इंट्रेक्शन उस स्टेट मिनिस्टर का भी है जिसने मुझे फिल्म दी।

मुकुल : क्या वह ट्राइबल है?

के.के. : नहीं

मुकुल : तो फिर ट्राइबल एरिया का होगा?

के.के. : नहीं।

मुकुल : फिर ट्राइबल के साथ फ़र्स्ट हैंड इंट्रेक्शन?

के.के. : हाँ जब वह स्टूडेंट लीडर था तो एक नाबालिग़ आदिवासी गर्ल के रेप

में पकड़ा गया था।

मुकुल : और वह अब स्टेट मिनिस्टर फ़ॉर ट्राइबल वेलफ़ेयर? वाह!

के.के. : मारो गोली उस स्टेट मिनिस्टर फ़ॉर ट्राइबल वेलफ़ेयर को। तुम यह बताओ कि कहाँ - कहाँ गए हो? कौन- कौन सा ट्राइबल एरिया देख रखा है?

मुकुल : मैं झारखंड में मुंडा और भीलों के साथ रहा। वेस्ट बंगाल में लोध और खेराओं के साथ रहा। मध्य प्रदेश में कोल लोगों के साथ।

के.के. : बाप रे बाप, स्टेट मिनिस्टर फ़ॉर ट्राइबल वेलफ़ेयर तो तुम्हें बनाना चाहिए

मुकुल : नहीं मेरे पास वह वाला फ़र्स्ट हैंड इंट्रेक्शन नहीं है।

(वेटर चाय की ट्रे लाकर टेबुल पर रखता है और चला जाता है। के.के. चाय बनाते हुए मुकुल से पूछता है)

के.के. : वैसे तुम इन इलाक़ों में क्या कर रहे थे?

मुकुल : यह नहीं बता सकता

के.के. : ओ! अच्छा!! कोई लाल क़मीज़ वाली बात है।

(मुकुल मुस्करा पड़ता है)

कितने दिन रहे इन इलाक़ों में?

मुकुल : अलग-अलग इलाकों में अलग-अलग ड्यूरेशन रहा। झारखंड में दो साल, वेस्ट बंगाल में एक साल, मध्य प्रदेश में आठ महीने तो उड़ीसा में पाँच महीने।

के.के. : जब इतना एक्सपोज़र था तो खुद फ़िल्म क्यूँ नहीं बना डाली। घावरी बता रहा था कि तुम बरसों से ट्राइबल्स पर एक फ़िल्म बनाने के लिए मरे जा रहे हो। तुम्हारे पास रिसर्च कंप्लीट था बल्कि घावरी तो बता रहा था कि तुमने स्क्रिप्ट भी लिख रखी है और जब तुम कुछ और नहीं कर रहे होते तो उस स्क्रिप्ट की काट-छाँट करते रहते हो। फिर फ़िल्म बनाई क्यूँ नहीं?

मुकुल : फ़ॉर ऑबवियस रीज़न्स!

(के.के. पहले तो उसकी बात नहीं समझ पाता। फिर जैसे अचानक बात समझ में आ जाती है)

के.के. : ओह! फ़ंड्स!

मुकुल : रैदर लैक ऑफ़ फंड्स!

के.के. : चलो अब मिनिस्ट्री का माल मिला है तो फ़ंड्स की कोई कमी नहीं होगी।

मुकुल : लेकिन मुझे नहीं लगता कि इस फ़िल्म में मेरा कोई इस्तेमाल है।

के.के. : क्यूँ?

मुकुल : इस फ़िल्म में वह होगा जो सरकार सोचती है आदिवासियों के बारे में... और मैं हर्गिज़ वह नहीं सोचता जो सरकार उनके बारे में सोचती है। मेरी और सरकार की सोच में उतना ही फ़र्क़ है जितना...

(के.के. टोकता है)

के.के. : जितना ज़मीन और आसमान में। यही ना?

मुकुल : इससे भी ज्यादा बड़ा फ़र्क़ है। सरकार के लिए अर्बनाईज़ेशन ऑफ़ ट्राइबल्स का मायने है अंगा और धोती की जगह पैंट-शर्ट और कसैली महुआ की जगह थैली वाली पाउच।

के.के. : और आपके लिए?

मुकुल : मेरे लिए अर्बनाइज़ेशन ऑफ़ ट्राइबल्स का मायने है : डिसलोकेशन। डिसलोकेशन ऑफ़ बॉडी एंड सोल बोथ। अब आप इस डिसलोकेशन की बात उस फ़िल्म में कैसे कर सकते हैं जिसमें सरकार का पैसा लगा हो। इसीलिए तो मैं कहता हूँ कि मेरा थॉट और मेरी आइडियालॉजी सरकार की आइडियोलॉजी से मेल नहीं खा सकती।

के.के. : थॉट और आइडियोलॉजी के बिना भी फ़िल्म बन सकती है।

मुकुल : क्या बात कर रहे हैं आप?

के.के. : बिना थॉट और आइडियोलॉजी के जब देश चल सकता है, सरकार चल सकती है, समाज चल सकता है तो फिर फ़िल्म भी बन सकती है।

मुकुल : ऐसी फिल्म में ट्रुथ कहाँ होगा?

के.के. : ट्रुथ होगा। विश्वास करें ऐसी फ़िल्मों में ट्रुथ भी होता होता है...ए टैक्टफ़ुल ट्रुथ!

मुकुल : मतलब?

के.के. : मतलब यह कि इस फ़िल्म में आदिवासी समाज के जीवन को दिखाने के लिए नगाड़ा बजाते मर्द होंगे जिनके सिर पर पक्षियों का पंख होगा और कमर में छोटी-छोटी घंटियाँ। दूसरी तरफ़ प्रिमिटिव तालों पर नाचती हुई औरतें होंगी, बिना चोली की ताकि उनकी मासूमियत हमारे

मिडिल क्लास इथोस का मुँह चिढ़ाए। बच्चे होंगे, मवेशी होंगे, जंगल होंगे...

मुकुल : ठीक वैसे ही जैसे चिड़ियाघरों में जानवर...

(के.के. रुक जाता है। एक ठंडी सांस भरता है और बहुत शांत स्वर में मुकुल से कहता है)

के.के. : ज़ानते हैं मिस्टर मुकुल, आप जैसे लोगों का प्रॉब्लम क्या है?

(मुकुल कोई जवाब नहीं देता। बस उसकी तरफ़ देखता रहता है)

यू पीपुल नो द ट्रुथ बट डोंट नो द टैक्ट टू हैंडल इट। आज अगर दिन भर आप अपनी आत्मा और ज़िंदगी दोनों बचाए रखना चाहते हैं ताकि रात में अच्छी नींद सो सकें, ज़मीर पर किसी बोझ को महसूस किए बिना तो आपको एक प्रैक्टिस करनी ही पड़ेगी...

(मौन)

यू हैव टू हैंडल द ट्रुथ टैक्टफ़ुली।

मुकुल : और ट्रुथ क्या है?

के.के. : ट्रुथ यह है कि आप चार सालों तक लाल शर्ट पहने जंगलों में भटकते रहे। जो कुछ देखा, जो कुछ सुना और जो कुछ भोगा उसे दो साल तक लिखते रहे और जब लिख लिया तो उसे दफ़न कर दिया। लाइक एबोर्टेड फोयटस। क्यूँ पाँच साल से दफ़न है न आपका लिखा हुआ?

मुकुल : आठ साल से!

के.के. : पिछले आठ साल से दफ़न है और अगले 80 साल तक दफ़न ही रहेगा। आपको क्या लगता है, आनेवाले दिनों में दुनिया इतनी बदल जाएगी कि आप अपने थॉट, अपनी आइडियोलॉजी के साथ फ़िल्म बना लेगें? चलिए यह मान लेते हैं कि दुनिया बदल जाएगी क्योंकि दुनिया नहीं बदलेगी यह मानने में आपको बहुत असुविधा होगी... हाँ तो अगर कल दुनिया बदल भी जाती है तो आज वाली दुनिया पर क्या फ़र्क़ पड़ता है। आज वाली दुनिया तो वैसी ही रहेगी जैसी कि आज है। फिर मिस्टर मुकुल चटवाल और हिज एक्सिलेंस के.के. तो इसी आज में रहते हैं ना? इसीलिए मेरी मानिए तो कूद पड़िए मैदान में... और मेरी नहीं मानते तो न सही, शेक्सपियर जी की तो मानिए : 'प्रेज़ेंट मर्थ हैथ

प्रेज़ेंट लाफ़्टर/व्हाट्स टू कम इज स्टिल अनश्योर।'

(मौन)

दरअसल बात सिर्फ़ फ़िल्म की नहीं है...

मुकुल : फिर?

के.के. : बात है आज में जीने की। अफ़सोस है कि आप जैसे लोग बीते हुए कल को याद कर-करके जीते हैं या फिर आज को कोस- कोस कर जीते हैं।

मुकुल : लगता है हम जैसे बहुत सारे लोगों से आप की मुलाक़ात रही है।

के.के. : माई फ़ादर वाज़ ए ट्रेड यूनियन लीडर!

(एक लंबी चुप्पी)

मुकुल : लगता है बहुत कुछ अनडू करना पड़ेगा। शायद जीने की यही शर्त बच गई है।

के.के. : आप बस जीते जाइए। बहुत कुछ ख़ुद-ब-ख़ुद अनडू हो जाएगा।

मुकुल : मैं नहीं कर सकता यह सब!

के.के. : आप कर सकते हैं। बहुत आसानी से

(मुकुल उसकी तरफ़ सवालिया निगाहों से देखता है)

यू विल बी अवलेबल टू द प्रोजेक्ट, फिज़िकली बट नॉट इमोशनली।

(के.के. जोरदार ठहाका लगाता है। मुकुल के होठों पर बस एक फीकी सी मुस्कान उभरती है)

(अँधेरा)

दृश्य : तीन

(मंच के अगले भाग में प्रकाश। 'फ़ाइव डबल्यूज़' का एडिट कक्ष। एक 20 साल की लड़की एडिटिंग टेबल पर व्यस्त है। दर्शकों को यह नहीं दिखाई दे रहा है कि वह क्या एडिट कर रही है पर हर दृश्य पर उसकी प्रतिक्रिया नज़र आ रही है। वह अपने काम पर झुँझलाई-सी है। शाल्कि अंदर आती है। लड़की उसकी ओर देखती है)

शाल्कि : क्या हो रहा है मिनी?

(मिनी कुछ जवाब नहीं देती। उसके चेहरे का रंग देखकर शाल्कि समझ जाती है कि कुछ गड़बड़ है। वह टीवी स्क्रीन की तरफ़ देखती है और उसके चेहरे का भी रंग बदल जाता है)

शाल्कि : यह क्या है?

मिनी : यह स्टोरी लेट-नाइट बुलेटिन में जाना है।

शाल्कि : मगर यह है कौन सी स्टोरी?

मिनी : *(रुआँसी आवाज में)* लॉस वेगास में पोर्नो फ़िल्म फ़ेस्टिवल हुआ था उसी की रिपोर्ट के साथ ये विज़ुअल्स जाने हैं।

शाल्कि : तुम्हें किसने असाइन की थी यह स्टोरी?

मिनी : पी.एस. ने।

शाल्कि : वही कर सकता है ऐसा काम।

मिनी : लेकिन मुझ ही को क्यों एसाइन किया यह?

शाल्कि : मैं जानती हूँ क्यूँ ?

(मिनी उसकी तरफ़ सवालिया नज़रों से देखती है। शाल्कि उसकी मासूमियत पर झल्ला जाती है)

ही इज़ ए परवर्ट।

(कुछ देर दोनों चुप रहती हैं। फिर जैसे शाल्कि किसी निर्णय पर पहुँचती है)

मत करो...लाओ टेप मुझे दे दो।

मिनी : मगर?

शाल्कि : कुछ नहीं होगा, लाओ टेप मुझे दे दो।

(मिनी टीवी ऑफ़ करती है और टेप निकाल कर शाल्कि को थमा देती है। पी.एस. अंदर आता है और शाल्कि को अनदेखा करता हुआ सीधे मिनी से पूछती है)

पी.एस. : कर ली स्टोरी? मुझे दिखाओ ज़रा।

(मिनी शाल्कि की तरफ़ देखने लगती है। उसकी निगाहों का पीछा करते हुए पी. एस. भी उसकी तरफ़ देखता है। उसकी नज़र शाल्कि के हाथ में लटके टेप पर पड़ती है। शाल्कि उसे टेप दिखाते हुए पूछता है)

शाल्कि : यह क्या है पी. एस. ?

(पी. एस. विरोध की मुद्रा में देखता है)

पी.एस. : क्या है?

शाल्कि : यह स्टोरी उसे नहीं देनी चाहिए।

पी.एस. : क्यूँ नहीं देनी चाहिए?

शाल्कि : तुम्हें अच्छे से मालूम है कि क्यूँ नहीं देनी चाहिए। इट्स ऑफ़ेंडिंग टू एनी बॉडी।

पी.एस. : देखिए मिसेज़ शाल्कि! हम यहाँ नौकरी करने आएं हैं, भजनकीर्तन करने नहीं। न्यूज़ वर्ल्ड में हैं तो न्यूजपर्सन की तरह एटीट्यूड रखना होगा। यह कोई पूजा-पाठ करने की जगह तो है नहीं कि अगरबत्ती जलाकर काम करें। वी शुड बिहैव लाइक प्रोफ़ेशनल्स।

शाल्कि : प्रोफ़ेशन और लीचरी में कुछ तो फ़र्क़ होगा। तुम जिसे प्रोफ़ेशन कह रहे हो वह परवर्शन है।

पी.एस. : माइंड योर लैंग्वेज।

शाल्कि : शट अप!

(वह मिनी का हाथ पकड़कर बाहर ले जाती है)

आओ मेरे साथ!

(पी.एस. वहाँ अकेले खड़ा रहता है। वह ग़ुस्से में बड़बड़ाता है।)

पी.एस. : बिच! न्यूज़ चैनल को एन.जी.ओ. समझती है और ख़ुद को मेधा पाटेकर!

(वह पाँव पटकता हुआ बाहर निकल जाता है)

(मंच के दूसरे भाग में प्रकाश। न्यूज़रूम का माहौल। तीन-चार कंप्यूटर डेस्क। बिना शोर मचाए लोग आ-जा रहे हैं। घावरी एक कंप्यूटर पर झुका एक लड़की को कुछ समझा रहा है। शाल्कि आती है और उसके पीछे-पीछे मिनी। शाल्कि के हाथ में वही टेप है। वह दूर से घावरी को देख लेती है और रुक कर उसके फ़्री होने का इंतज़ार करती है। मिनी को भी रुकने का संकेत करती है। घावरी फ़्री होकर मुड़ता है तो उसकी नज़र शाल्कि पर पड़ती है। शाल्कि उसकी तरफ़ बढ़ती है)

घावरी : हाय शाल्कि! मैं सोच ही रहा था...

(शाल्कि उसे बीच में ही टोक देती है)

शाल्कि : मुझे कुछ बात करनी है।

घावरी : हाँ, कहो...

(शाल्कि उसे टेप दिखाती है)

शाल्कि : हमारे बुलेटिन में यह जाना ज़रूरी है?

घावरी : क्या है यह?

शाल्कि : पोर्नो फ़िल्म फ़ेस्टिवल वाली स्टोरी!

(घावरी शाल्कि के कंधे पर हाथ रखकर उसे एक कोने में ले जाता है)

घावरी : तुम्हें किसने दिया? यह तो पी.एस. को देखना था।

शाल्कि : पी.एस. ने इसे मिनी को दे दिया एडिटिंग के लिए।

(वह मिनी को हाथ के संकेत से बुलाती है। घावरी उसे अनदेखा कर देता है)

घावरी : तो मुश्किल क्या है?

शाल्कि : इट्स ऑफ़ेंडिंग...

(घावरी कुछ सोचते हुए शाल्कि के हाथ से टेप ले लेता है)

घावरी : हुँ!

(वह पास से गुज़रने वाली लड़की को आवाज़ देता है)

नारिया!

(नारिया रुक जाती है)

नारिया : यस सर!

घावरी : जरा पी. एस. को भेजो इधर।

नारिया : श्योर!

(नारिया चली जाती है)

शाल्कि : क्या यह आइटम ज़रूरी है?

घावरी : हाँ!

शाल्कि : क्यूँ?

घावरी : क्यूँकि चैनल के सी.ई.ओ. मिस्टर खेतान इसे ज़रूरी समझते हैं।

शाल्कि : हम अपने चैनल को पीपुल्स चैनल कहते हैं।

घावरी : *(टेप को थपथपाते हुए)* यह भी प्रो-पीपुल इनफ़ॉरमेशन है...मिस्टर खेतान का सर्कुलर यही कहता है। उनका ख़्याल है कि लेट-नाइट बुलेटिन्स में इस तरह की एक-दो ख़बरें होंगी तो लोग रात के दो बजे भी हमारे बुलेटिन को देखेंगे, लोगों की दुनिया के बारे में जानकारी बढ़ेगी और हमारी टी.आर.पी.।

(पी.एस. आता है। वह शाल्कि और मिनी को अनदेखा करता हुआ घावरी से पूछता है)

पी.एस. : मुझे बुलाया?

(घावरी टेप उसके हवाले करता है)

घावरी : हाँ, यह टेप किसी और को दे दो काटने को।

(पी.एस. एक नज़र शाल्कि को देखता है और टेप लेकर वापस पलटता है) और हाँ सुनो...

(पी.एस. रुक कर उसकी तरफ़ देखता है)

किसी लड़के को देना, लड़की को नहीं।

(पी.एस. चला जाता है। घावरी मिनी की तरफ़ देखकर कहता है)

जाओ अपना काम करो।

(मिनी चली जाती है। शाल्कि भी चलने को तैयार होती है)

घावरी : घर जाओगी तो मुकुल को बता देना कि मैं कल प्रेस क्लब नहीं जाऊँगा।

शाल्कि : प्रेस क्लब? कोई ख़ास बात?

घावरी : हाँ हमारे एक दोस्त फ़िल्म बना रहे हैं मिनस्ट्रिी ऑफ़ ट्राइबल वेलफ़ेयर के लिए...अरबनाइज़ेशन ऑफ़ ट्राइबल्स पर। मुकुल की स्टडी अच्छी है इस पर, सो स्क्रिप्ट लिख देंगे उसके लिए।

शाल्कि : मुकुल लिखेंगे?

घावरी : हाँ!

शाल्कि : अरे उसके बस की बात नहीं है, अव्वल तो वह किसी मिनिस्ट्री के लिए इस तरह का काम नहीं करेंगे। फिर इस सबजेक्ट पर तो हर्गिज़ नहीं करेंगे। इस इश्यू पर उनकी सोच और सरकार की सोच में तो कोई ताल-मेल ही नहीं है। उनका मानना है कि अरबनाइज़ेशन ऑफ़ ट्राइबल्स के नाम पर सरकार वर्ल्ड बैंक, यूनिसेफ जैसी एजेंसीज़ को उल्लू बना रही है। अब भला मिनिस्ट्री ऑफ़ ट्राइबल वेलफ़ेयर कहाँ झेल पाएगी उनको। यह बात मुकुल को अच्छी तरह पता है इसलिए वह राज़ी नहीं होगें।

घावरी : लेकिन वह तो राज़ी है।

शाल्कि : क्या?

घावरी : हाँ कम से कम उस आदमी से मिलने के लिए तो राज़ी है।

(घावरी आगे बढ़ जाता है। शाल्कि वहीं खड़ी रह जाती है। गुमसुम)

(अँधेरा)

'बहरूप', दिल्ली की प्रस्तुति (निर्देशक : के.एस. राजेंद्रन)

'बहरूप', दिल्ली की प्रस्तुति (निर्देशक : के.एस. राजेंद्रन)

'ज्योति कला संस्थान', जयपुर की प्रस्तुति (निर्देशक : दिनेश प्रधान)

'ज्योति कला संस्थान', जयपुर की प्रस्तुति (निर्देशक : दिनेश प्रधान)

'ज्योति कला संस्थान', जयपुर की प्रस्तुति (निर्देशक : दिनेश प्रधान)

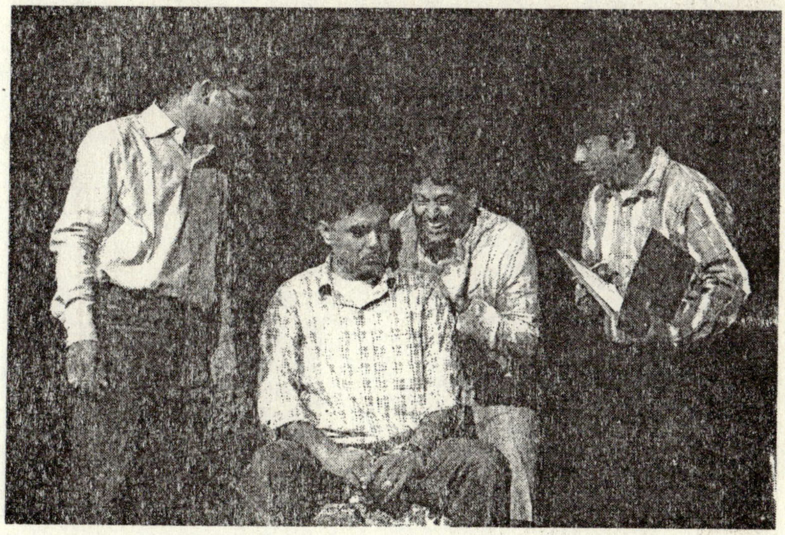

'ज्योति कला संस्थान', जयपुर की प्रस्तुति (निर्देशक : दिनेश प्रधान)

'बहरूप', दिल्ली की प्रस्तुति (निर्देशक : के.एस. राजेंद्रन)

'श्रीराम सेंटर रंगमंडल', दिल्ली की प्रस्तुति (निर्देशक : मुश्ताक़ काक)

'श्रीराम सेंटर रंगमंडल', दिल्ली की प्रस्तुति (निर्देशक : मुश्ताक़ काक)

'श्रीराम सेंटर रंगमंडल', दिल्ली की प्रस्तुति (निर्देशक : मुश्ताक़ काक)

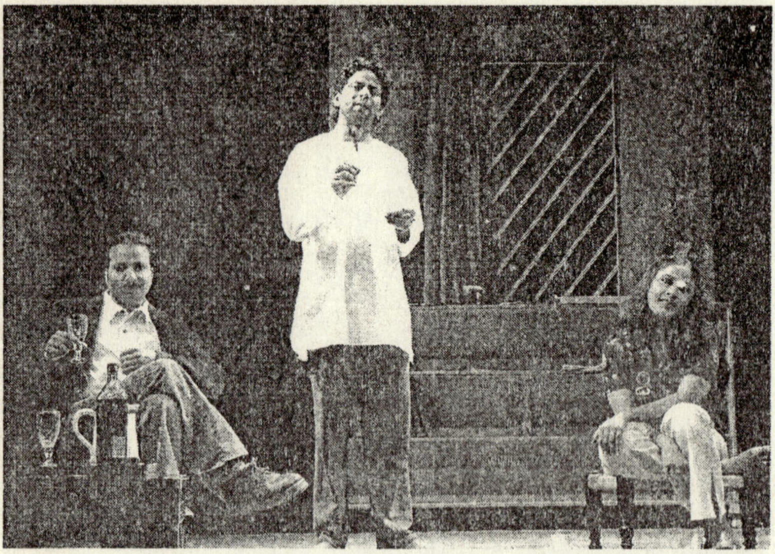

'श्रीराम सेंटर रंगमंडल', दिल्ली की प्रस्तुति (निर्देशक : मुश्ताक़ काक)

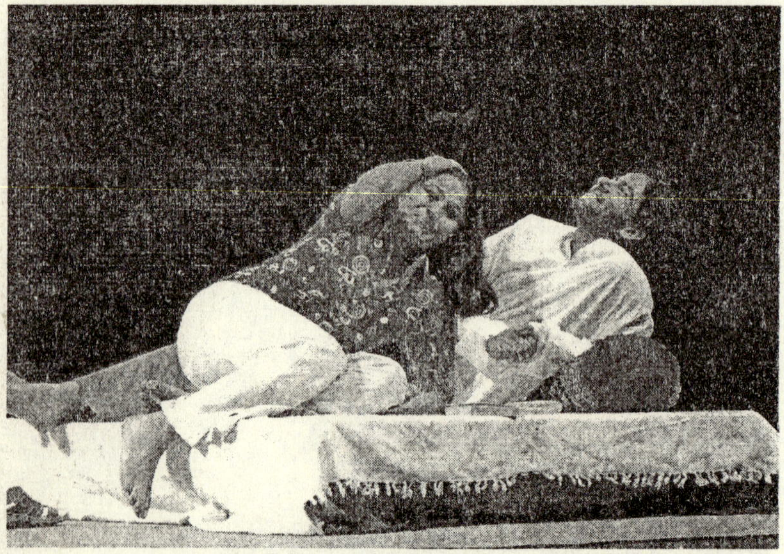

'श्रीराम सेंटर रंगमंडल', दिल्ली की प्रस्तुति (निर्देशक : मुश्ताक़ काक)

दृश्य : चार

(के.के. का ड्राइंग-रूम। वह दीवार पर एक बड़ा-सा फ़्रेम टाँग रहा है। फ़्रेम में किसी आध्यात्मिक गुरू की तस्वीर है। के.के. उस पर हार चढ़ाता है और तस्वीर को नमस्कार करता है। मंच के अगले भाग में आकर सोफ़े पर बैठता है और टेबूल पर पड़ी किताब उठाकर पढ़ने लगता है। कॉल-बेल बजती है। वह खुली हुई किताब टेबूल पर वापस रखता है और दरवाज़ा खोलने उठता है। विंग से उसकी आश्चर्य भरी आवाज़ सुनाई देती है)

के.के. : अरे तुम... इस वक़्त यहाँ?

(मुकुल की आवाज़ सुनाई देती है)

मुकुल : सारे सवालों के जवाब यहीं चाहिए? खड़े-खड़े?

के.के. : अरे नहीं, आओ अंदर आओ।

(दोनों अंदर आते हैं। के.के. कुछ अपसेट दिखाई देता है जैसे मुकुल का आना उसे अच्छा नहीं लग रहा हो। मुकुल ग़ौर से फ़्रेम में लगी तस्वीर देखता है)

मुकुल : क्यूँ, बैठने को भी नहीं कहोगे?

के.के. : हाँ, हाँ बैठो!

(मुकुल बैठता है)

मुकुल : (*के.के. को ग़ौर से देखते हुए हुए*) लगता है मैंने ग़लती कर दी।

के.के. : कैसी ग़लती?

मुकुल : मुझे इस तरह नहीं आना चाहिए था यहाँ। कम से कम तुम्हें बताए बिना तो नहीं आना चाहिए था।

के.के. : नहीं, ऐसी कोई बात नहीं है।

(वह ख़ुद भी बैठता है।)

दरअसल आई डोंट इन्वाइट पीपूल होम टू टॉक बिज़नेस!

मुकुल : आई एम नॉट हेयर टू टॉक बिज़नेस!

के.के. : फिर?

मुकुल : मैं तुम्हारे पापा से मिलने आया हूँ।

के.के. : क्या?

मुकुल : हाँ, तुम्हारे पापा से।

के.के. : मगर क्यूँ?

मुकुल : यूँहि...याद है तुमने पिछली मुलाक़ात में बताया था कि तुम्हारे पापा ट्रेड यूनियन...।

के.के. : मेरे पापा मर चुके!

मुकुल : क्या!

के.के. : हाँ, ही इज़ डेड!!

मुकुल : ओह, सॉरी!

(मौन।मुकुल टेबल पर पड़ी किताब उलटने-पलटने लगता है। फिर ख़ुद ही चुप्पी तोड़ता है) कितने दिन हुए?

के.के. : किस चीज़ को?

मुकुल : पापा को गुज़रे?

(के.के. के हाव-भाव से लगता है जैसे वह बात को टालना चाहता हो।)

के.के. : चौदह साल।

मुकुल : बीमार थे?

के.के. : हाँ...नहीं!

(मुकुल उसे सवालिया नज़रों से देखता है)

जिस दिन मॉस्को में तुम्हारे उस लेनिन की मूर्ति गिराई गई।

मुकुल : मैं समझा नहीं!

के.के. : पापा ने अख़बार में वह तस्वीर देखी और बहुत देर तक देखते रहे ...चुपचाप, गुमसुम...फिर उठे और घर से निकल गए...दिन, हफ़्ते, महीने और बरस बीत गए लेकिन वह नहीं लौटे, माँ पहले ही गुज़र

चुकी थी...मैं छोटा था, बहुत छोटा...दोस्त, रिश्तेदारों ने उन्हें बहुत तलाश किया लेकिन उनका कुछ पता नहीं चला...अचानक एक दिन उनकी लाश मिली छिंदवाड़ा में...लाश के पास वही अख़बार पड़ा था।

मुकुल : ओह!

के.के. : चाय पियोगे?

(मुकुल कुछ जवाब दे उसके पहले के.के. उठ जाता है) अभी आया (के.के. विंग में जाता है। मुकुल किताब के पन्ने उलटने लगता है। के.के. वापस आता है और बैठ जाता है। मुकुल किताब का शीर्षक पढ़ता है)

मुकुल : 'द आर्ट ऑफ़ लिविंग'! यह तुम पढ़ रहे थे?

के.के. : हाँ!

मुकुल : तुम्हें यह पढ़ने की क्या ज़रूरत?

के.के. : क्यों?

मुकुल : तुम तो पहले से ही इतने पढ़े-लिखे हो कि 'द आर्ट ऑफ़ लिविंग' पर ख़ुद किताब लिख डालो।

(के.के. जवाब में एक फीकी हँसी हँसता है)

के.के. : मेरे बारे में ज़्यादातर लोगों का यही ख़्याल है।

मुकुल : ग़लत ख़्याल है क्या? तुम्हें देखकर तो यही लगता है कि तुम जीने की कला पूरी तरह सीख चुके।

के.के. : और क्या-क्या लगता है मुझे देखकर?

मुकुल : सच-सच बताऊँ? छोड़ो, जाने दो।

के.के. : देखो, हमलोग फ़ॉरमलिटि की हर हद पहली मुलाक़ात में ही पार कर चुके हैं। अब यह 'छोड़ो, जाने दो' वाला मुहावरा किस काम का?

मुकुल : यह भी सही! तो फिर सच-सच बताता हूँ कि तुम्हें देखकर क्या-क्या लगता है। तुम्हें देखकर यही लगता है कि आने वाले दिनों में (*फ़्रेम की ओर संकेत करते हुए)* इस फ़्रेम में इनकी नहीं बल्कि (के.के. की ओर संकेत करते हुए) इस आदमी की तस्वीर होगी।

(मुकुल ज़ोर से हँसता है।)

वैसे यह वही हैं न? परमपूज्य वरुणानंद जी महाराज? द् स्प्रिच्युल मैनेजर?

के.के. : हैरत है कि आप इनसे परिचित हैं।

मुकुल : कैसे नहीं होंगे परिचित? अब हर दूसरे दिन यह अख़बार में मौजूद होंगे, कभी पेज वन पर कभी पेज थ्री पर, तो परिचित होना ही पड़ेगा इनसे। इसमें हैरत की क्या बात है?

के.के. : हैरत की बात यह है कि हिस्टोरियन्स और साइन्टिस्ट्स में विश्वास करनेवाले लोग गुरूओं और महात्माओं में क्योंकर दिलचस्पी लेने लगे?

मुकुल : दिलचस्पी नहीं, मज़ा लेते हैं।

के.के. : वह आबादी देखी है जो इन गुरूओं-महात्माओं के दरबार में हाथ बाँधे, आँखे मूँदे खड़ी रहती है सुबह-शाम?

मुकुल : यह वही आबादी है जिसके सपने कॉल-सेंटर्स के कूपों में क़ैद हैं।

के.के. : क्या मतलब?

मुकुल : बीस-पच्चीस की उम्र में जवानी का वलवला नहीं, अधेड़पन का सेंस ऑफ़ इन्सेक्युरिटी और तीस-पैंतीस की उम्र में ख़ूबसूरत बीवी, तीन कमरों का फ़्लैट, ए.सी. गाड़ी, स्पॉन्डेलाइटिस और पहला हार्ट-अटैक। इस आबादी के लिए आत्मा अध्यात्म से ज़्यादा मैनेजमेंट का सबजेक्ट है और इसीलिए इतने सारे मैनेजमेंट गुरूज़, स्प्रिच्युल मैनेजर्स, स्प्रिच्युल इंजीनियर्स, आत्मा की हर टूट-फूट की मरम्मत करने वाले स्प्रिच्युल मैकेनिक्स और न जाने क्या-क्या...

(के.के. कुछ कहने के लिए मुँह खोलता ही है कि नौकर चाय लेकर आ जाता है। के.के. चुपचाप चाय बनाने में लग जाता है। नौकर वापस चला जाता है। मुकुल के.के. की चुप्पी को महसूस करता है)

माफ़ करना यार! मैं शायद ज़्यादा ही बोल गया। वैसे क़सूर तुम्हारा है। तुमने ही तो कहा था कि हम 'छोड़ो, जाने दो' की बंदिश से आगे आ चुके हैं।

के.के. : फ़िक्र मत करो, मैं इन बातों के लिए अपने अंदर इम्युनिटि डेवलप कर चुका हूँ।

(अचानक विंग में हंगामा होने लगता है। ऐसा लगता है जैसे कोई किसी को ज़बरदस्ती पकड़ने की कोशिश कर रहा हो। के.के. हड़बड़ाकर उठता है। तब तक व्हील-चेयर चलाते हुए एक बूढ़ा बहुत तेज़ी से प्रवेश करता है और पूरे मंच का जल्दी-जल्दी

चक्कर लगाने लगता है। उसे रोकने के लिए उसके पीछे-पीछे नौकर दौड़ता है। बूढ़ा ज़ोर-ज़ोर से बड़बड़ाता है)

बूढ़ा : स्टैच्यु! गुरबचन! सी.आई.ए.! झंडा ऊँचा! झंडा ऊँचा!

(बूढ़ा नौकर की पकड़ में नहीं आता है। के.के. उसके पीछे भागता है और उसे रोक लेता है। बूढ़ा के.के. की आँखों में देखते हुए हाँफते हुए दुहराता है)

स्टैच्यु! गुरबचन! सी.आई.ए.! झंडा ऊँचा! झंडा ऊँचा!

(के.के. भी जैसे जवाब में दोहराता है)

के.के. : झंडा ऊँचा! झंडा ऊँचा!!

(यह सुनते ही बूढ़ा शांत हो जाता है। के.के. उसे नौकर के हवाले करता है। नौकर बूढ़े का व्हील-चेयर बाहर ले जाता है। के.के. दोनों को बाहर जाते देखता है। वह वापस पलटता है तो मुकुल को अपनी ओर गहरी नज़रों से देखता हुआ पाता है)

मुकुल : कौन हैं यह?

(के.के. बहुत शांत स्वर में जवाब देता है)

के.के. : मेरे पापा!

(दोनों एक-दूसरे को गहरी नज़रों से देखते हैं। प्रकाश धीरे-धीरे मद्धिम होता है। कुछ समय बाद दुबारा प्रकाश आने पर दोनों सोफ़े पर आमने-सामने बैठे दिखाई देते हैं। एकदम चुप। के.के. चुप्पी तोड़ता है)

के.के. : तुम्हें कुछ पूछना नहीं है?

मुकुल : क्या?

के.के. : यही कि मैने झूठ क्यूँ बोला।

(मुकुल कोई जवाब नहीं देता)

मैंने जो कुछ भी बोला उसमें झूठ बस इतना है कि पापा मरे नहीं, ज़िंदा हैं। चौदह बरस पहले एक सुबह पापा ने अख़बार देखा, अख़बार के पहले पन्ने पर छपी वह तस्वीर देखी और उसी पल उन्होंने जीना त्याग दिया। लेनिन के गिरते हुए स्टेच्यु की तस्वीर उनके दिमाग़ में इस तरह धँस कर टूट गई जिस तरह फाँसी के फ़ैसले पर किसी जज के क़लम की नीब टूट जाती है। वह तस्वीर दुनिया से उनके संपर्क की आख़िरी

निशानी है...एक ऐसी दुनिया से संपर्क जो बनने से पहले ही बिखर गई...

(थोड़ी देर की चुप्पी। मुकुल का चेहरा हर पल रंग बदलता है जैसे सबकुछ उसी पर बीता हो)

चौदह सालों से पापा वही बोल रहे हैं जो आज तुमने उनके मुँह से सुना...वही टूटे-फूटे शब्द और आधा-अधूरा सेंटेंस...कभी किसी बूढ़े की बुदबुदाहट की तरह तो कभी किसी बच्चे की चीख़ की तरह...न ख़ुद खा सकते हैं, न अपने कपड़े पहन सकते हैं...किसी सहारे के बिना ना तो चल सकते हैं और ना अपने बिस्तर पर सो सकते हैं ...हर वक़्त मुझे या नौकर को उनके पास रहना पड़ता है, बिल्कुल साए की तरह। पापा की आँखें खुली हैं और उनकी साँसे भी चल रही हैं लेकिन मैं जानता हूँ कि पापा मर चुके और मरे हुए पापा के साथ जीने में मुझे कभी-कभी बहुत डर लगता है।

(एक गहरी चुप्पी। मुकुल कहीं दूर खोया हुआ दिखाई देता है। के.के. उसके चेहरे के बदलते भाव को महसूस करता है) क्यूँ, क्या हुआ?

(मुकुल हड़बड़ा जाता है)

मुकुल : नहीं, कुछ नहीं।

(के.के. अपनी बात जारी रखता है)

के.के. : शायद यही डर है जो मुझसे झूठ बुलवाता है। मैं किसी को अपने घर नहीं लाता कि अगर पापा पर उसकी नज़र पड़ गई तो वह जाने क्या-क्या पूछ बैठे...अपने पास तो उसके किसी सवाल का जवाब भी नहीं होगा। मैं तो बस इतना जानता हूँ कि जो अपने समय के साथ नहीं जीते, वे समय से पहले मार दिए जाते हैं...मेरे पापा की तरह।

(मुकुल के चेहरे से लगता है जैसे वह इस बात से बुरी तरह डर गया हो)

के.के. : तुम ठीक तो हो?

(मुकुल हड़बड़ाकर बात टालने की कोशिश करता है)

मुकुल : हाँ, हाँ...डॉक्टर क्या कहते है?

के.के. : डॉक्टरों का कहना है कि इट इज़ वन ऑफ द मिस्ट्रीज़ ऑफ ह्यूमन

ब्रेन। उनका मानना है कि जिस तरह अचानक यह सब हुआ है, उसी तरह एक दिन सब कुछ ठीक हो सकता है। वे भी उसी दिन का इंतजार कर रहे हैं और मैं भी।

(थोड़ी देर की चुप्पी। मुकुल जाने के लिए उठता है)

मुकुल : चलता हूँ!

के.के. : ओ. के.

(के.के. मुकुल को विदा करने के लिए विंग तक आता है। मुकुल जाते-जाते रुकता है और हिचकिचाते हुए के.के. से पूछता है)

मुकुल : मैं वह किताब ले जाऊँ?

के.के. : कौन सी?

मुकुल : वही... 'द आर्ट ऑफ़ लिविंग'!

(के.के. टेबूल पर पड़ी किताब उठाता है। मुकुल के पास आता है और उसकी तरफ़ किताब बढ़ाता है। क्षण भर के लिए दोनों एक-दूसरे को गहरी नज़रों से देखते हैं। मुकुल किताब ले लेता है)

(अँधेरा)

दृश्य : पाँच

(शाल्कि का ड्राइंग-रूम। मुकुल किसी से फ़ोन पर बात कर रहा है)

मुकुल : हाँ! कल? कल क्यूँ? अरे, तुम्हारा मिनिस्टर जा रहा है तो क्या हुआ? हमारी रेकी से उसे क्या लेना-देना?...हुँ!...अच्छा!!...ठीक है मैं रेडी रहूँगा।

(शाल्कि का प्रवेश। उसके चेहरे पर नाइट शिफ़्ट की थकन दिखाई देती है)

नो, नो आई एम नेवर लेट वेन आई एम सपोज़्ड टू गो समव्हेयर ऑन बिज़नेस *(शाल्कि उसकी भाषा पर चौंक जाती है)* हाँ, लेकिन घावरी को फ़ोन करना होगा कि आज प्रेस क्लब ना आए...

(शाल्कि टोकती है)

शाल्कि : नहीं आएगा!

(मुकुल फ़ोन पर हाथ रखकर पूछता है)

मुकुल : क्या कहा?

शाल्कि : घावरी प्रेस क्लब नहीं आएगा। उसने यह मैसेज भेजा है।

(मुकुल दुबारा बात करने लगता है। शाल्कि सोफ़े पर पसर जाती है)

मुकुल : चलो घावरी का तो प्रॉब्लम सॉल्व हो गया। उसका मैसेज मिल गया कि वह नहीं आ रहा है...ठीक है!... वह तो मैं तुम्हें बता दूँगा, थोड़ी देर बाद फ़ोन कर लेना। ठीक है! ओके! बॉय!!

(वह फ़ोन वापस रखता है)

शाल्कि : मिनिस्ट्री ऑफ़ ट्राइबल वेलफ़ेयर के लिए कोई फ़िल्म लिख रहे हो?

मुकुल : हुँ!

शाल्कि : मुझे बताया क्यूँ नहीं?

मुकुल : ऐसी क्या ख़ास बात थी?

शाल्कि : तुमने उन्हें ना नहीं कहा, यह तो ख़ास बात थी।

(शाल्कि मुकुल को चुपचाप घूरती है)

मुकुल : ऐसे क्यूँ देख रही हो?

शाल्कि : देख रही हूँ कि तीन साल अपना टैक्स वसूल करने ही वाले हैं...

(मुकुल बात करने की बजाए किसी का फ़ोन नंबर मिलाने लगता है)

क्युँ लिख रहे हो फ़िल्म?

(मुकुल कोई जवाब नहीं देता)

कितने पैसे मिल रहे हैं?

(मुकुल जवाब नहीं देता। शाल्कि दुबारा वही सवाल पूछती है)

कितने पैसे मिल रहे हैं?

(मुकुल झुँझलाकर फ़ोन पटक देता है)

मुकुल : तुम्हें क्या लगता है पैसों के लिए कर रहा हूँ ये सब?...अभी-अभी तुम टैक्स की बात कर रही थी ना? मै जो टैक्स दे रहा हूँ उसका ताल्लुक़ सिर्फ़ इन तीन सालों से नहीं है। उसका ताल्लुक़ है उन तमाम सालों से है जो कि मेरी उम्र हैं। मैं जिस पीढ़ी का हूँ आज वह पूरी की पूरी पीढ़ी शक और शर्म में जी रही है जैसे उसे कोई बद्दुआ लग गई हो। साठ की दहाई में पैदा जब यह पीढ़ी जवान थी तो इसके सामने क्रांति थी और आज जबकि यह पीढ़ी अधेड़ हो चुकी है तो इसके आगे भ्रान्ति है...सिर्फ़ भ्रांति...

शाल्कि : तुम ख़ुद को जस्टीफ़ाई कर रहे हो?

(वह सोफ़े से उठती है)

मुकुल : पता नहीं

शाल्कि : पता नहीं तो पता करो!

(शाल्कि बेडरूम की तरफ़ चल पड़ती है। मुकुल चुपचाप उसे जाते हुए देखता रहता है)

(अँधेरा)

दृश्य : छः

(शाल्कि का ड्राइंग-रूम। मुकुल का प्रवेश। वह नहाने के लिए तैयार हो रहा है और उसने केवल तौलिया लपेट रखा है। वह यहाँ-वहाँ से अपना पेन, घड़ी और जूते उठाता है और बेडरूम की ओर जाने को होता है। दरवाज़े की घंटी बजती है। मुकुल रुकता है। अपने तौलिए की ओर देखता है। वह पहले अपने कपड़ों को ठीक करने की सोचता है। घंटी दोबारा बजती है। थोड़ी असमंजस की हालत में वह दरवाज़ा खोलने के लिए बढ़ता है। उसकी आवाज़ विंग में सुनाई देती है)

मुकुल : अरे! आ गए।

(के.के. की आवाज़ सुनाई देती है)

के.के. : आई टोल्ड आई एम नेवर लेट...

मुकुल : वेन यू आर सपोज़्ड टू रीच समव्हेयर टू टाक बिज़नेस ऑनली।

(दोनों हँसते हुए प्रवेश करते हैं)

आज तो कुछ ज़्यादा अर्ली हो...यू आर अर्ली बाई...

(मुकुल घड़ी देखने की कोशिश करता है लेकिन उसी हाथ में जूते और पेन होने की वजह से घड़ी देख नहीं पाता है। के.के. अपनी घड़ी देखकर बताता है)

के.के. : हाफ-एन-आवर! मैं तुम्हारे जैसे इंटलेक्चुअल्स को ख़ूब पहचानता हूँ। तुम लोग न घड़ी देखते हो न कैलेंडर। वक़्त को बस महसूस करते रहते हो। वह भी आँखें बंद करके।

(दोनों हँसते हैं)

अब देखो, तुम अभी तक तैयार नहीं हुए।

मुकुल : मैं बिल्कुल तैयार हूँ!

(यह कहते हुए उसकी नज़र अपने तौलिए पर जाती है और वह हड़बड़ा जाता है)

सॉरी! मैं अभी नहा कर आया।

(वह दो क़दम आगे बढ़ता है और फिर उसे कुछ याद आता है)

तुम्हारे लिए चाय भिजवाता हूँ। तुम जितनी देर में चाय ख़त्म करोगे उतनी देर में मैं तैयार हो जाऊँगा।

(मुकुल अंदर चला जाता है। के.के. पहले सोफ़े पर बैठता है। टेबूल पर पड़ा अख़बार पलटता है। फिर उसकी नज़र शेल्फ़ पर रखी किताबों पर पड़ती है। वह उठकर किताबों को देखने लगता है और बारी-बारी से लेखकों के नाम पढ़ता है)

के.के. : क्रिस्टोफ़र कॉडवेल...रैल्फ़ फ़ॉक्स...मैक्सिम गोर्की...जूलियस फ़्यूचिक ...बर्तोल्त ब्रेख़्त।

(हाथ में चाय की ट्रे लिए शाल्कि प्रवेश करती है। के.के. की पीठ उसकी तरफ़ होती है। शाल्कि उसका ध्यान खींचती है)

शाल्कि : चाय लीजिए!

(के.के. पलटता है। एक-दूसरे को देखकर दोनों चौंक जाते हैं। दोनों के मुँह से एक साथ निकलता है)

के.के. : *(दोनों एक साथ)* आप यहाँ?

(के.के. शाल्कि के हाथ से ट्रे लेने के लिए आगे बढ़ता है)

के.के. : व्हाट ए सरप्राइज़! ऑनली टू रिमाइंड यू आइ एम के.के. फ्रॉम...

शाल्कि : सी.एन.एन. एंड यू डोंट राइट डबल 'के'। इट्स के-ई...

के.के. : ...के-ई-!

(दोनों हँसते हैं। के.के. टेबूल पर ट्रे रखता है)

एंड इफ आई एम नॉट मिस्टेकेन यू आर...

शाल्कि : शाल्कि फ्रॉम फ़ाइव डबल्यूज़। मुकुल्स वाइफ़।

के.के. : ओह ग्रेट! मुकुल ने कभी बताया नहीं।

शाल्कि : मुकुल नेवर टेल्स एवरीबॉडी एवरीथिंग। लेट्स हैव आवर टी।

(शाल्कि सोफ़े पर बैठती है और चाय बनाने लगती है)

हाऊ कम यु आर हेयर?

के.के. : वी आर मेकिंग ए फ़िल्म ऑन ट्राइबल्स...

(शाल्कि अचानक रुक जाती है। उसके लहजे में कुछ बदलाव आ जाता है)

शाल्कि : सो, इट्स यू!

(के.के. भी इस बदलाव को महसूस करता है। वातावरण में तनाव भरी ख़ामोशी छा जाती है। के.के. इस तनाव को ख़त्म करने की कोशिश करता है)

के.के. : हम लोग रेकी के लिए जा रहे हैं। पहले झारखंड, फिर...

शाल्कि : मुझे मालूम है!

(के.के. को कप देती है)

मुझे नहीं मालूम था कि इन सब के पीछे तुम हो।

(मौन)

के.के. : मतलब?

(वह शाल्कि को उत्सुकता से देखते हुए चाय पीता है। शाल्कि भी चुपचाप चाय पीती है। के.के. असहनीय चुप्पी को तोड़ता है)

क्या तुम नाराज़ हो?

शाल्कि : आई डोन्ट नो। लेकिन ख़ुश तो नहीं ही हूँ।

के.के. : मगर क्यूँ?

शाल्कि : इसलिए कि मुकुल ने यह प्रोजेक्ट क़ुबूल कर लिया।

के.के. : क़ुबूल कर लिया तो क्या हुआ?

शाल्कि : इसका मतलब यह हुआ कि दुनिया से उसे अब कोई शिकायत नहीं रही।

(विराम)

कितने पैसे मिलेंगे उसे?...अब वह भी दूसरों की तरह हो जाएगा।

के.के. : और इसके लिए तुम मुझे ज़िम्मेदार समझती हो?

शाल्कि : शायद!

के.के. : एक बात पूछूँ? दूसरों से अलग होने पर इतना ज़ोर क्यूँ?

शाल्कि : यह तुम नहीं समझोगे।

के.के. : क्यूँ?

शाल्कि : क्योंकि तुम दूसरों से अलग नहीं हो।

(मुकुल का प्रवेश। वह तैयार हो चुका है। उसके हाथ में एक ब्रीफ़केस है)

के.के. : एट लास्ट, दिस बगर इज़ रेडी!

मुकुल : ओह, यस!

(वह शाल्कि की ओर देखता है)

अब तक तुम दोनों एक दूसरे से इंट्रोड्यूस हो चुके होगे?

के.के. : बहुत अच्छी तरह!

(शाल्कि गंभीर बनी रहती है। मुकुल इसे महसूस करता है। के.के. स्थिति सँभालने की कोशिश करता है।)

(मुकुल से) मैं बाहर गाड़ी में तुम्हारा इंतज़ार करता हूँ।

(शाल्कि से) बॉय!

(के.के. का प्रस्थान)

मुकुल : (एक-एक शब्द पर ज़ोर देते हुए) बीनू को कह दिया है, वह आ जाएगा।

शाल्कि : तुम्हे मालूम है?

मुकुल : क्या?

शाल्कि : कि तुम क्या करने जा रहे हो?

मुकुल : एक छोटी-सी यात्रा पर जा रहा हूँ, बस!

शाल्कि : इस यात्रा का अंत कहाँ होगा?

(शाल्कि यह बोलते हुए मंच के अगले भाग में आ जाती है। उसकी पीठ मुकुल की ओर है। मुकुल उसे गहरी नज़रों से देखता है और बाहर चला जाता है)

मुकी मुझे डर लग रहा है!

(शाल्कि मुकुल के लिए पलटती है लेकिन वहाँ कोई नहीं होता)

(अँधेरा)

तीसरा अंक

दृश्य : एक

(तीन महीने बाद। टी.वी. चैनल का समाचार-कक्ष। एक क़तार में कई टी.वी. सेट लगे हैं जिनके सामने लोग बैठे हैं। चारों ओर गहमा-गहमी है जैसे किसी बड़ी घटना के कवरेज की तैयारी चल रही हो)

घावरी : एनी 'ब्रेक्रिग न्यूज़'?

(टी.वी. के सामने बैठी एक लड़की जवाब देती है)

लड़की : यस सर! पाकिस्तान के हाई कमिश्नर ने शिखर वार्ता के लिए गहरे नीले रंग की शर्ट पहनी है और उनकी बॉडी लैंग्वेज...

(घावरी आगे नहीं सुनता है। वह एक नौजवान की ओर मुड़ता है जो नोटपैड पर जल्दी-जल्दी कुछ घसीट रहा है)

घावरी : टी.टी.! एंकर -पीस जल्दी लिखो।

टी.टी. : मैं लिख रहा हूँ, सर!

घावरी : गुड!

(मिनी का प्रवेश)

मिनी! किसी एक्सपर्ट को जल्दी लाइन-अप करो!

(मिनी का प्रस्थान। टी.टी. नोटबुक लिए घावरी के पास आता है)

टी.टी. : एंकर—पीस तैयार है सर!

(घावरी नोटबुक लेकर पढ़ता है)

घावरी : "आज पाकिस्तान के हाई कमिश्नर की क़मीज उतनी ही नीली है जितना कि हमारे सिर पर बिछा आसमान..."

(घावरी टी.टी. को घूरता है)

तुम एनवाइरनमेंटलिस्ट हो?

टी.टी. : नहीं, नहीं तो।

घावरी : तो फिर कवि होगे?

(टी.टी. शरमा जाता है)

टी.टी. : स्कूल मैग़जीन में मेरी पोएम्स छपती थीं, सर!

घावरी : प्लीज़! यहाँ पोएम्स मत लिखा करो, एंकर पीस लिखा करो। यह लो, आलम को दे दो।

(नोटबुक वापस कर देता है। टी.टी. चला जाता है। मिनी का प्रवेश।)

(मिनी से) हो गया?

मिनी : हाँ सर!

घावरी : किस को बुलाया है पैनल पर?

मिनी : स्वामी जगदा जी महाराज को!

घावरी : किसको?

मिनी : स्वामी जगदा जी महाराज को!

घावरी : फॉरेन अफ़ेयर्स के एक्सपर्ट हैं?

मिनी : नहीं।

घावरी : भारत-पाक संबंध के विद्वान हैं?

मिनी : नहीं।

घावरी : फिर?

मिनी : ज्योतिषी हैं!

घावरी : क्या! ज्यातिषी!! (व्यंग्य से) यह हुई न सबसे बड़े ख़बरिया चैनल वाली बात!

(मिनी की पीठ थपथपाता है)

अब सोम, मंगल, शनि बताएंगे हमें कि पाकिस्तान के साथ हमारा क्या संबंध होगा। वाह रे! देश के सबसे तेज़ चैनल की सबसे होनहार

वर्कर!

(मिनी सफ़ाई देने लगती है)

मिनी : दूसरे तमाम एक्सपर्ट पहले से ही बुक थे सर।

घावरी : इसीलिए तुमने एक ज्योतिषि को बुक कर लिया। गुड! रातना सेठ से कांटेक्ट किया था?

मिनी : किया था

घावरी : क्या कहा?
(मिनी चुप रहती है।) क्या कहा उन्होंने?

मिनी : *(हिचकिचाते हुए)* उन्होंने कहा, उन्हें अभी तक पिछली बार के पैसे नहीं मिले हैं।

घावरी : (व्यंग्य से) हर किसी को बस पैसे की फ़िक्र है। देश की फ़िक्र करने के लिए सिर्फ़ हम ही बचे हैं।
(वह अपना मोबाइल निकालता है। एक नंबर मिलाता है लेकिन नंबर नहीं लगता है। वह झुँझलाकर मोबाइल वापस रख लेता है) डेम इट! *(मिनी से)* ओ.के.! आई विल मेक दिस ब्लडी एस्ट्रोलॉजर द स्टार अटरैक्शन ऑफ द शो!

(वह वापस जाने के लिए मुड़ता है। सामने से हाथ में टेप लिए शाल्कि का प्रवेश। घावरी उसे रोकता है।)

घावरी : मुकुल कहाँ है? उसने अपनी सिक्रप्ट पूरी कर ली?

शाल्कि : मुझे नहीं मालूम।

घावरी : क्यूँ?

शाल्कि : हम कभी स्क्रिप्ट या वह फिल्म डिस्कस नहीं करते।

घावरी : ओह!

शाल्कि : तुम्हारी बात नहीं हुई है क्या?

घावरी : हुई थी। जब वह रेकी से लौटा था, तब बात हुई थी।

(विराम)

घावरी : मैंने किसी ज़रूरी काम के लिए तुम्हें रोका था।
(याद करने की कोशिश करता है) ओ हाँ, मुकुल से कह देना उसकी फ़ाइल विजिलेंस सेक्शन से वापस आ गई है। उसे जल्दी ही इंक्वायरी कमेटी बुलाएगी। होशियार हो जाना चाहिए। पता नहीं कमेटी केस को

कौन-सा मोड़ दे दे।

शाल्कि : यह तुम ख़ुद ही क्यूँ नहीं बता देते उसको?

(मौन। तनावपूर्ण क्षण)

घावरी : ओके!

(घावरी का प्रस्थान। शाल्कि थोड़ी देर वहाँ खड़ी रहती है और फिर एक चलते हुए टी.वी. को बंद कर देती है)

(अँधेरा)

दृश्य : दो

(उसी दिन शाम को। शाल्कि का ड्राइंग-रूम। दरवाज़े की घंटी बजती है। शाल्कि कॉफ़ी पीते हुए बेडरूम से आती है। शाल्कि उन्हीं कपड़ों में हैं जिनमें वह पिछले दृश्य में दिखाई पड़ी थी। वह दरवाज़ा खोलने जाती है। के.के. की आवाज़ सुनाई देती है)

के.के. : हाय!

शाल्कि : हाय! आईए।

(के.के. एक डायरी लिए शाल्कि के पीछे-पीछे आता है)

के.के. : मुकुल नहीं है?

शाल्कि : नहीं! बैठिए!

(के.के. सोफ़े पर बैठता है पर वह असहज महसूस करता है)

के.के. : व्हेयर इज़ ही?

शाल्कि : पता नहीं।

(के.के. उसकी तरफ़ देखता है)

मैं अभी आ रही हूँ दफ़्तर से। *(विराम)* चाय या कॉफ़ी?

के.के. : नहीं। कुछ नहीं। मुकुल की डायरी ले गया था। सोचा आज लौटा दूँ।

(वह डायरी सोफ़े पर रखता है। शाल्कि भी उसके सामने बैठ जाती है। थोड़ी देर चुप्पी रहती है। शाल्कि चुप्पी तोड़ने की कोशिश करती है)

शाल्कि : कैसा चल रहा है काम?

के.के. : मुकुल थोड़ा स्लो है।

शाल्कि : हाँ! लर्निंग टेक्स टाइम एंड अनलर्निंग टेक्स मोर टाइम।

(के.के. उसके लहजे की कड़वाहट को महसूस करता है। कॉल-बेल बजती है। शाल्कि दरवाज़ा खोलती है। मुकुल का प्रवेश। वह सीधे के.के. की ओर बढ़ता है)

मुकुल : अरे तुम कब आए?

के.के. : थोड़ी देर हुई। दो-तीन दिनों से तुम्हें डायरी वापस करने की सोच रहा था। आज मौक़ा मिला तो चला आया।

मुकुल : चाय-वाय पी?

(के.के. शाल्कि की तरफ़ देखते हुए बोलता है)

के.के. : हाँ! वेरी हॉट टी!!

(मुकुल टेबूल पर पड़ी डायरी उठा लेता है) पढ़ा

के.के. : हाँ! पढ़ लिया।

मुकुल : मज़ा आया?

के.के. : आई लव्ड इट। मुश्किल हो रही थी कि क्या छोड़ा जाए और क्या रखा जाए?

मुकुल : निशान तो लगा दिया न?

के.के. : हाँ! लगा दिया है, मगर तुम ख़ुद भी देख लेना।

(मुकुल पन्ने पलटते-पलटते एक जगह रुक जाता है)

मुकुल : यह पढ़ा?

के.के. : क्या?

मुकुल : ब्लॉक डेवलपमेंट अफ़सर वाली घटना?

के.के. : कौन सी?

(मुकुल डायरी पढ़ने लगता है)

मुकुल : "वह नौजवान बीडीओ बार-बार अपनी क़िस्मत को कोस रहा था कि 'भाई साहब! पहली पोस्टिंग और वह भी इन जंगलों में, इन जानवरों के साथ।' उसका ख़्याल था कि पिछले जन्म में उसने ज़रूर कोई पाप किया होगा जो इस जन्म में बीडीओ बनने के बाद भी उसे सुख नहीं। आदिवासी अलग तंग करते हैं और सरकार अलग। आदिवासियों को लगता है कि सरकार उन्हें धोखा दे रही है और सरकार को लगता है कि आदिवासी आदमी बनने को तैयार नहीं। और इन दो पाटों के बीच पिस रहा था वह बीडीओ।"

(ड्राइंग-रूम अंधेरे में ग़ायब हो जाता है। मंच के बायें भाग में प्रकाश। बी.डी.ओ. का दफ़्तर। नौजवान बी.डी.ओ. बड़े उत्साह से मुकुल और के.के. को अपना अनुभव सुना रहा है)

बी.डी.ओ. : कुछ दिनों पहले सरकार ने एक स्कीम के तहत शहर के सबअर्ब में 20 पक्के मकान बनवाए। दो कमरों वाले 20 पक्के मकान। आइडिया यह था कि वहाँ पुअरेस्ट ऑफ़ द् पुअर को शिफ़्ट किया जाएगा। एक साल तक मकान यूँ ही पड़े रहें कि प्रधानमंत्री को फ़ुर्सत ही नहीं मिली इनके उद्‌घाटन की। फिर हुआ यह कि मुख्यमंत्री ही कर डालेंगे उद्‌घाटन। जब चीफ़ मिनिस्टर को छः महीने तक फ़ुर्सत नहीं मिली तो फ़ैसला हुआ कि अब देर करना उचित नहीं है, लोकल एमएलए से ही उद्‌घाटन करा लिया जाए। सो ख़ूब हंगामे हुए, ख़ूब पब्लिसिटी हुई। अख़बारों ने बड़ी-बड़ी सुर्ख़ियाँ लगाईं : 'आदिवासियों/वनवासियों के लिए पुख़्ता मकान'। इस तरह उद्‌घाटन भी हो गया मगर असली मुश्किल तो अब शुरू हुई। महीनों बीत गए लेकिन कोई पक्के मकानों में जाने को राजी ही नहीं हुआ। जब तरह-तरह की अफ़वाह फैलने लगी तो एमएलए मेरे पीछे पड़ गया कि सभी को अपने-अपने मकान में घुसाओ नहीं तो (घूँसा दिखाते हुए) ये घुसा दूँगा तुम्हारे पिछवाड़े में। मैंने वनवासियों के हाथ-पैर जोड़े, मिन्नत-समाजत की कि 'भइया! जंगल छोड़ो, अपने-अपने घर जाओ।' लेकिन किसी ने नहीं सुनी। कोई अपने पेड़ से चिपका रहा तो कोई अपने कुएँ से। आख़िर मुझे भी ताव आ गया। मैंने पुलिस बुला ली और आदिवासियों को खदेड़-खदेड़ कर मकान में घुसा दिया। बाल्टी-लोटे समेत। और ख़ुशी-ख़ुशी पहुँचा एमएलए के पास रिपोर्ट देने कि लो जी हो गया 'अर्बनाइज़ेशन ऑफ़ ट्राइबल सोसायटी'। एमएलए ने भी मेरी पीठ थपथपाई...मगर अगली ही सुबह जोकुछ सुनने को मिला तो मेरी हवा सरक गई। मालूम हुआ कि सुबह होते ही सारे आदिवासी मकान छोड़कर भाग गए वापस अपने जंगल। मैं हाँफता-हाँफता उनके पास पहुँचा कि 'भइया ऐसा जुल्म क्यूँ कर रहे हो? सरकार ने इतने प्यार से मकान बनवाएँ हैं तुम्हारे लिए तो रह लो।' लेकिन सभी ने वहाँ जाने से साफ़ मना कर दिया। कहने लगे कि वहाँ एक भी मकान में महुए का पेड़ नहीं है और जहाँ महुए का पेड़ नहीं होता वहाँ

भूत-पिसाच रहते हैं। हम कैसे जाएँ वहाँ?

(बी.डी.ओ. ज़ोर-ज़ोर से हँसता है। उसके साथ मुकुल और के.के. भी हँसते हैं। बी.डी.ओ. की हँसी अंधेरे में ग़ायब हो जाती है। ड्राइंग-रूम में प्रकाश। मुकुल, के.के. और शाल्कि वैसे ही बैठे दिखाई देते हैं। मुकुल और के.के. की हँसी जारी है। शाल्कि तैश में उठ खड़ी होती है)

मुकुल : *(शाल्कि से)* क्या हुआ?

शाल्कि : मुझे नहीं आती हँसी ऐसी बात पर।

(शाल्कि झटके से टेबूल पर पड़ा कप उठाती है और बेडरूम की तरफ़ चली जाती है। कुछ देर सन्नाटा रहता है। फिर मुकुल यह सन्नाटा तोड़ता है)

मुकुल : हर बात पर ऐसे ही ओवररिएक्ट करती है। जब से मैं रेकी से लौटा हूँ इसका यही हाल है। ज़्यादातर चुप रहती है। मैं कुछ बोलता हूँ तो मुझे ऐसे देखती है जैसे कोतवाल किसी मुजरिम को देखता है। और जब ख़ुद बोलती है तो इतना कड़वा कि लगता है कि चुप रहे तो बेहतर। पता नहीं क्या प्रॉब्लम है?

के.के. : प्रॉब्लम बस इतना है कि पहले तुम्हारे पास सेंस ऑफ ह्यूमर नहीं था और अब शाल्कि के पास सेंस ऑफ ह्यूमर नहीं है।

मुकुल : नहीं यार, प्रॉब्लम है। एक मेजर प्रॉब्लम है। शाल्कि डज़न्ट वांट मी रियलाइज द वर्ल्ड आई एम कंडेम्ड टू। वह चाहती है कि या तो मैं अतीत को याद कर-कर के जीऊँ या फिर आज को कोसते-पीटते। वह मुझे फ़ोसिल में बदल देने पर उतारू है। अतीत की खोह में पड़ा हुआ एक फ़ोसिल।

के.के. : अब शायद तुम ओवर-रियेक्ट कर रहे हो! शाल्कि चाहती है...

मुकुल : मुझे मालूम है शाल्कि क्या चाहती है? घावरी टूटते-फूटते आडियलिज़्म के बदतरीन एक्जांपल्स जब भी हमारे सामने ताश की गड्डियों की तरह फेंटता है तो शाल्कि मेरे चेहरे की तरफ़ देखती है। सिर्फ़ इसलिए कि मुझे देखकर उसे लगता है जैसे उसकी आत्मा अब भी बची हुई है। लेकिन मेरा मोक्ष कहाँ है? आत्मा और आत्मा बचाने का सपना अब संभव है क्या? तुम ही बताओ?

के.के. : मैं नहीं बता सकता। आई डोन्ट ड्रीम!

मुकुल : इसीलिए इत्मीनान से जी रहे हो।

के.के. : डोन्ट वरी! सून यू विल ऑल्सो लर्न टू लिव।

मुकुल : नहीं, शाल्कि मुझे कभी इत्मीनान से जीने नहीं देगी। अगर मैने इत्मीनान से जीने की कोशिश की तो वह एक शर्त रख देगी।

के.के. : कैसी शर्त?

मुकुल : कि अगर इत्मीनान से जीना है तो गिल्ट में जिओ। एक अपराधबोध के साथ।

(दोनों एक दूसरे को देखते हैं)

(अँधेरा)

दृश्य : तीन

(शाल्कि का ड्राइंग-रूम। मंच के बाहर से शाल्कि की आवाज़ सुनाई देती है। वह किसी मर्द से बात कर रही है)

शाल्कि : कहाँ साइन करना है?

आवाज़ : यहाँ टेलीफ़ोन नंबर भी लिख दें।

(शाल्कि एक लिफ़ाफ़ा खोलते हुए प्रवेश करती है। वह चिट्ठी निकाल पाती इससे पहले ही मुकुल आता है)

मुकुल : क्या है?

(शाल्कि लिफ़ाफ़ा उसे थमा देती है। मुकुल भेजनेवाले का पता देखता है।) मिनिस्टरी से? बहुत जल्दी आ गई नोटिस।

(वह जल्दी से चिट्ठी निकालकर पढ़ता है)

ठीक कहा था घावरी ने कि साले ज़रा भी वक़्त नहीं देगें तैयारी का *(शाल्कि को देखते हुए)* कल ही बुलाया है इंक्वायरी कमेटी के सामने एपियर होने के लिए। घावरी भी नहीं है कि...

(मुकुल सोफ़े पर बैठ जाता है और हाथ में पकड़े लिफ़ाफ़े को उलटता-पलटता है। कुछ पल यूँ ही बीत जाते हैं। शाल्कि उसे देखती रहती है। अचानक मुकुल उठता है जैसे उसने कोई फ़ैसला कर लिया है) कर लेता हूँ बात

शाल्कि : किससे?

मुकुल : दयाल से!

(शाल्कि को धक्का-सा लगता है)

शाल्कि : क्या?

(मुकुल उसके आश्चर्य को अनदेखा करता है)

मुकुल : घावरी कहता है वे मेरे एक्सप्लेनेशन में नहीं बल्कि मेरे पनिशमेंट में ज़्यादा इंटरेस्टेड हैं...और घावरी ठीक कहता है।

(मुकुल फ़ोन की तरफ बढ़ता है। शाल्कि असमंजस से उसे देखती है। मुकुल फ़ोन उठाकर एक नंबर डायल करता है लेकिन वह बीच में ही नंबर डायल करना बंद करके शाल्कि की ओर देखता है)

अब मेरा बात करना उतना इफ़ेक्टिव नहीं होगा। ऐसा करो तुम ही चली जाओ।

शाल्कि : कहाँ?

मुकुल : दयाल के पास!

शाल्कि : होश में तो हो?

मुकुल : शाल्कि, अब किसी रिज़र्वेशन से काम नहीं चलेगा। मुझे या तुम्हें जाना ही होगा। मैं नहीं जा रहा हूँ कि यह प्रूडेंट नहीं होगा। उसे लगेगा कि मैं तब आया हुँ उसके पास जब...

(उसे शब्द नहीं मिलते हैं) वह उतने दिनों से बुला रहा है लेकिन मैं नहीं गया। अब अगर इंक्वायरी से एक दिन पहले जाऊँगा तो वह कोई बहाना कर देगा ताकि वह मुझे मेरी औक़ात बता सके। तुम जाओगी तो बात दूसरी होगी। मामला कंपैशनेट ग्राउंड का हो जाएगा। वैसे भी वह मीडिया वालों से कभी बिगाड़ नहीं चाहेगा।

शाल्कि : तो मुझे दयाल को ब्लैकमेल करना होगा।

मुकुल : तुम हर बात को...

शाल्कि : ही इज़ ए ब्लडी ब्रोकर... यही कहते थे न?

मुकुल : अब वह राज्य-सभा का मेंबर भी है।

(मुकुल को अहसास होता है कि वह कुछ ग़लत कह गया। इस ग़लती को छिपाने के लिए वह शाल्कि पर बरस पड़ता है)

आख़िर तुम क्यूँ मुझे मुजरिम की तरह ट्रीट करती हो। ऐसा क्या कर दिया मैंने कि तुम मुझे हमेशा जताती रहती हो कि मैं कितना तुच्छ हूँ। मैं जो कुछ कह रहा हूँ वह तुम्हें तुच्छ लगता है लेकिन ख़ुद तुम क्या कर रही हो। अपना हर दिन ऐसी जगह ख़र्च क़रती हो जहाँ शेयरहोल्डर्स के पैसों से एक ऐसी दुनिया रचने का कारोबार चल रहा

है जहाँ सच्चा कुछ भी नहीं है। न इनफ़ॉरमेशन्स न इमोशन्स। एक झूठ के सामने कैमरा और माइक लेकर च्यूंगम चबाती हुई एक अंडरग्रेजुएट लड़की पहुँच जाती है, फिर उस झूठ को कैमरा और माइक में कैद कर लिया जाता है। इसी झूठ को डेस्क पर मांझा जाता है और मांझ-मांझ कर उसे इतना चमकीला बना दिया जाता है कि जब उसे पर्दे पर पेश किया जाए तो देखने वालों की आँखें झपक जाएँ। मज़े की बात यह है कि इसी झूठ को देखकर साहित्यकार साहित्य लिख रहें हैं, फ़िल्म बनाने वाले फिल्म बना रहे हैं और कलाकार कला-सर्जन कर रहे हैं। नतीजा यह है कि तुम्हारा फैलाया हुआ झूठ साहित्य को भी झूठा बना रहा है, फ़िल्म को भी और कला को भी।

(शाल्कि ज़ोर-ज़ोर से हँसती है)

शाल्कि : तुम्हें शिकायत करने का अब कोई हक़ नहीं।

मुकुल : क्यूँ?

शाल्कि : क्योंकि तुम अब ख़ुद इसका एक हिस्सा बन चुके हो।

मुकुल : इसका मतलब है तुम दयाल के पास नहीं जाओगी?

शाल्कि : हर्गिज़ नहीं।

(मुकुल थोड़ा नर्म पड़ता है और शाल्कि को समझाने के अंदाज़ में कहता है)

मुकुल : शाल्कि तुम समझती क्यूँ नहीं? मैं जो कुछ भी कर रहा हूँ वह जुर्म नहीं महज़ एक प्रोजेक्ट है। एंड आई एम अवलेबल टू इट ऑनली फिज़िकली, नॉट इमोशनली।

शाल्कि : वेश्याएँ भी यही करती हैं।

(मुकुल उसकी तरफ़ बहुत तेज़ी से पलटता जैसे उसे ज़बरदस्त ठेस पहुँची हो)

(अँधेरा)

दृश्य : चार

(इंक्वायरी कमेटी की बैठक। एक बड़ी अर्द्धचंद्राकार मेज़ के पीछे चार कुर्सियां हैं। उनमें से एक ख़ाली है। मुकुल मेज़ के सामने की कुर्सी पर बैठा है। कमेटी के तीन सदस्य चाय पीते हुए चौथे सदस्य का इंतज़ार कर रहे हैं। चाय का एक कप ख़ाली पड़ी कुर्सी के सामने भी रखा है। एक सदस्य अपने दाएं बैठे सदस्य से पूछता है)

सदस्य 1 : दस्तगीर! क्या ख़्याल है, इंक्वायरी शुरू की जाए?

दस्तगीर : अरे कैसे शुरू कर दें मिस्टर अंसारी?

(ख़ाली कुर्सी की तरफ संकेत करते हुए)

यह हज़रत तो अभी पहुँचे ही नहीं।

(दस्तगीर के बाएं बैठा सदस्य बोल पड़ता है)

सदस्य 2 : अब ये मिस्टर घुम्मन को नहीं आना था तो हमें क्यूँ बुलाया?

दस्तगीर : *(सदस्य से)* आएँगे, वह भी आएँगे, आख़िर 700 रूपए का सवाल है सूदन साहेब!

अंसारी : आप इस इंक्वायरी कमेटी के एलाउंस की बात कर रहे हैं?

दस्तगीर : तो और क्या?

अंसारी : 700 नहीं 850 रूपए मिलने वाले हैं।

सूदन : चलिए तब तो और अच्छी बात है। मिस्टर घुम्मन यह मौक़ा छोड़ेंगे नहीं।

दस्तगीर : जल्दी आ जाते तो यह केस निपटाकर आराम कर लिया जाता थोड़ी देर। मिस्टर घुम्मन की चाय भी ठंडी हो रही है।

अंसारी : ऐसा करते हैं इंविस्टीगेशन शुरू कर देते हैं। मिस्टर घुम्मन आएंगे तो हमें ज्वाइन कर लेंगे।

सूदन : अरे नहीं यार। बहुत हंगामा मचाएगा कि उसके बग़ैर हमने कार्यवाही शुरू कैसे कर दी। बड़ा क्रांतिकारी-क़िस्म का आदमी है भाई!

दस्तगीर : अरे उसके पास तो देर से आने की वजह भी है।

अंसारी : क्या वजह है?

(दस्तगीर फुसफुसाकर कहता है)

दस्तगीर : उसकी दो-दो बीवियां हैं।

(सारे सदस्य हँसते हैं)

सूदन : पता नहीं क्रांतिकारी लोगों की दो-दो बीवियां क्यूँ होती हैं!

(एक बार फिर सारे सदस्य ठहाका लगाते है। अंसारी मुकुल से पूछता है)

अंसारी : क्यूँ मिस्टर मुकुल आपकी तो एक ही बीवी है न?

(सभी ज़ोर से हँसते हैं। मुकुल भी खिसियानी हँसी हँसता है।)

दस्तगीर : *(दूसरे सदस्य से)* चलो यार शुरू करते है। मिस्टर घुम्मन आएंगे तो मैं सँभाल लूँगा।

(सारे सदस्य सावधान हो जाते हैं)

हाँ तो मिस्टर मुकुल अपना नाम बताइये...

मुकुल : मुकुल!

दस्तगीर : अरे भाई पूरा नाम?

मुकुल : मुकुल चटवाल!

(तभी तेज़ क़दम उठाता हुआ घुम्मन प्रवेश करता है)

सूदन : लीजिए घुम्मन साहब भी आ गए।

घुम्मन : अच्छा तो आप लोग शुरू हो चुके हैं?

(वह जल्दी से ख़ाली कुर्सी पर बैठता है)

अंसारी : नहीं अभी तो सिर्फ़ नाम पूछा है।

(घुम्मन सामने पड़ी ठंडी चाय एक साँस में पी जाता है और मुकुल की तरफ ग़ौर से देखते हुए पूछता है)

घुम्मन : हाँ तो आप अपना नाम बताइए, पूरा नाम।

(मुकुल थोड़ा अपमानित महसूस करता है)

मुकुल : मुकुल चटवाल!

(दस्तगीर सामने पड़ी फ़ाइल घुम्मन के आगे सरका देता है। घुम्मन पन्ने पलटने लगता है। अंसारी सवाल पूछता है)

अंसारी : पहली पोस्टिंग कहाँ थी?

मुकुल : राँची!

सूदन : राँची ही क्यूँ?

मुकुल : इसका जवाब तो मिनिस्ट्री ही दे सकती है।

सूदन : पोस्टिंग होती तो वहीं से है लेकिन आपने तो करवाई, अर्ज़ी देकर।

(फ़ाइल वापस दस्तगीर के पास पहुँच जाती है)

मुकुल : अर्ज़ी तो इसलिए दी थी कि मेरी माँ बीमार रहती थी और राँची मेरे टाउन के नज़दीक था।

दस्तगीर : यह तो आपने अर्ज़ी में लिखा था। असली बात कुछ और थी।

मुकुल : असली बात भी यही थी।

घुम्मन : नहीं मिस्टर मुकुल चटवाल! असली बात यह थी कि आपकी पार्टी चाहती थी कि आप वहाँ जाएं।

मुकुल : मेरी कोई पार्टी नहीं थी।

अंसारी : अगर आप किसी पार्टी में नहीं थे तो पास के ट्राइबल एरिया में इतनी पाबंदी से किसका काम करते थे?

मुकुल : मैं अपना काम करता था।

दस्तगीर : कैसा काम?

मुकुल : अपने लिए स्टडी मैटेरियल जमा रहा था।

सूदन : कोई किताब लिखने वाले थे आप?

मुकुल : हाँ!

अंसारी : लिख ली किताब?

मुकुल : नहीं!

(सारे सदस्य एक-दूसरे को देखकर मुस्कराते हैं। एक बार फिर से फ़ाइल इधर से उधर सरकने लगती है)

दस्तगीर : मिस्टर मुकुल, जब आप कॉलेज के छात्र थे तो कौन सा यूथ ऑर्गनाइज़ेशन सबसे एक्टिव था?

मुकुल : मुझे नहीं मालूम।

सूदन : लेकिन आपको यह तो मालूम होगा कि आपके कॉलेज के प्रिंसिपल ने आपके खिलाफ़ पुलिस स्टेशन में एक एफ.आई.आर. दर्ज कराई थी। आप पर इल्ज़ाम था कि आपने ऐसे पंफ्लेट्स छात्रों के बीच बाँटे थे जिनमें स्कैंडेलस मैटेरियल था।

मुकुल : डेमॉक्रेसी में पर्चे बाँटने का हक़ तो सभी को है।

अंसारी : डेमॉक्रेसी में किसको, कौन -सा हक़ है हम इस पर बहस करने नहीं बैठे हैं आज। आप बस 'हाँ' या 'ना' में जवाब दीजिए।

(मुकुल कोई जवाब नहीं देता। सारे सदस्य उसे गहरी नज़रों से घूरते रहते हैं। अचानक घुम्मन बेसब्र हो जाता है। वह दूसरे सदस्यों को संबोधित करते हुए बोलता है)

घुम्मन : अगर इस तरह इनवेस्टिगेट करते रहे तो कोई फ़ायदा नहीं होगा। अभी और भी केस हैं। इसलिए सीधे मुद्दे पर आते हैं। **(मुकुल से)** देख भाई! तूने जो किया सो किया। अब अगर नौकरी में दिलचस्पी है और आराम से जीना चाहता है तो एक काम कर।

(घुम्मन आगे बोलता रहता है लेकिन उसकी आवाज़ सुनाई नहीं देती। बस उसके हाव-भाव से लगता है जैसे वह मुकुल को कोई गंभीर बात समझा रहा हो)

(अँधेरा)

दृश्य : पाँच

(कुछ घंटे बाद। शाल्कि का ड्राइंग-रूम। शाल्कि फ़ोन पर किसी से बात कर रही है)

शाल्कि : हाँ! मुकुल तो सुबह ही निकल गए थे...पता नहीं...अबतक तो आ जाना चाहिए...हाँ! आज वही इंक्वायरी कमेटी का चक्कर था। उन्होंने ही बुलाया था। हाँ...ठीक है...अंबा मैं समझती हूँ लेकिन मुकुल को भी तो समझना चाहिए...बट आई एम नॉट पोलिसिंग हिम...कोई समझ नहीं पाता या शायद मैं समझा नहीं पाती कि यह बात ख़ुद मेरे जीने के लिए कितनी ज़रूरी है कि मुकुल वैसा ही बना रहे जैसा कि था...दिस इज़ नॉट ऑनली अबाउट लिविंग...हाँ!...पता नहीं, मैं आज पूरी कोशिश करूँगी...ओके बाय!

(शाल्कि फ़ोन रखकर कुछ सोचने लगती है। मुकुल थके-थके क़दमों से अंदर आता है। उसका कॉस्ट्यूम वही है जो पिछले दृश्य में था। हाथ में एक ब्रीफ़केस होता है जिसे वह आहिस्ता से सोफ़े पर रखता है और शर्ट के बटन खोलने लगता है)

शाल्कि : हो गई इंक्वायरी?

मुकुल : (धीमी आवाज़ में) हाँ?

शाल्कि : कितने मेंबर थे कमेटी में?

मुकुल : चार!

शाल्कि : सब मिनिस्ट्री के थे?

मुकुल : पता नहीं।

शाल्कि : क्या पूछा?

(मुकुल कोई जवाब नहीं देता। शाल्कि मुकुल का तनाव महसूस करती है और ख़ुद ही जवाब देने लगती है)

अरे क्या पूछा होगा? यही पूछा होगा कि यह क्यूँ किया, वह क्यूँ किया? ऐसा आपने किसी के कहने पर किया या ख़ुद ही फ़ैसला ले लिया। कोई ग्रिवेन्स थी तो अपने सीनियर अथॉरिटी को कॉन्फ़ीडेन्स में क्यूँ नहीं लिया? आपने हेडक्वॉर्टर को कितनी चिठ्ठियां लिखीं और किस चिठ्ठी में क्या लिखा? अगर...

(मुकुल बीच में ही टोकता है)

मुकुल : *(शांत स्वर में)* उन्होंने ये सब नहीं पूछा। बस एक अंडरटेकिंग माँगी। एक माफ़ीनामा।

शाल्कि : अंडरटेकिंग? माफ़ीनामा? कैसा माफ़ीनामा?

मुकुल : यही कि फ़्यूचर में मैं ऐसी कोई हरकत नहीं करूँगा। किसी पॉलिटिकल एक्टिविटी में हिस्सा नहीं लूँगा।

शाल्कि : यह पॉलिटिकल एक्टिविटी वाली बात कहाँ से आ गई!

मुकुल : वह मेरी उस न्यूज़ बुलेटिन को एक पॉलिटिकल एक्टिविटी ही मानते हैं।

शाल्कि : इंक्वायरी कमेटी में सब मसख़रे ही जुट गए थे क्या? अंडरटेकिंग का क्या मतलब? आख़िर कोई कैसे लिखवा सकता है कि आप फ़्यूचर में यह करेंगे, वह नहीं करेंगे। और कैसे कोई लिख सकता है कि आज के बाद उसका जीवन बिल्कुल उसी रेखा में चलेगा जैसा कि दूसरे चाहते हैं।

मुकुल : लेकिन मैने लिखकर दे दिया।

(शाल्कि पर जैसे पहाड़ टूट पड़ता है)

शाल्कि : क्या?

मुकुल : अंडरटेकिंग कि फ़्यूचर मे मैं ऐसी कोई हरकत नहीं करूँगा और पॉलिटिकल एक्टिविटी में कभी हिस्सा नहीं लूँगा।

(मौन। शाल्कि मुकुल के बिल्कुल नज़दीक आकर उसकी आँखों में देखती है)

शाल्कि : तो दुनिया से अब कोई शिकायत नहीं रही?

मुकुल : आख़िर तुम क्यूँ चाहती हो कि सारी ज़िंदगी मुझे दुनिया से शिकायत रहे।

शाल्कि : *(रुक-रुक कर)* इसलिए कि इसी शिकायत की वजह से मैंने तुमसे प्यार किया था।

(मुकुल अचानक मुड़ता है)

मुकुल : वह प्यार नहीं था।

शाल्कि : फिर?

मुकुल : वह स्वार्थ था। तुम मुझे नहीं अपने सपनों को प्यार करती थी।

शाल्कि : तुम्हारे सपने मेरे सपनों से अलग थे?

मुकुल : अपने सपनों से प्यार करना और वैसे ही सपने देखनेवाले किसी आदमी से प्यार करना, ये दोनों बातें अलग नहीं?

शाल्कि : उतनी अलग नहीं जितनी कि तुम समझने लगे हो।

मुकुल : (झुँझलाकर) मैंने सपने देखना छोड़ दिया।

शाल्कि : (व्यंग्य से) यह मत कहो कि तुमने सपने देखना छोड़ दिया है। यह कहो कि तुमने वैसे सपने देखना छोड़ दिया।

मुकुल : हाँ, मैंने वैसे सपने देखना छोड़ दिया।

शाल्कि : उन सपनों के बग़ैर तुम मेरे लिए क्या रह जाओगे, तुम जानते हो? एक पति नहीं, बस एक प्रोजेक्ट...एक ऐसा प्रोजेक्ट... जिसके लिए मैं फ़िज़िकली तो अवलेबल रहूँगीं, मगर इमोशनली नहीं और तुम जानते हो कि ऐसी औरतों को क्या कहते हैं... याद है मैं तुमसे क्या कहा करती थी? मै तुमसे कहा करती थी कि मैं जब भी तुम्हारे चेहरे की ओर देखती हूँ, मुझे लगता है कि अभी मेरी आत्मा बची हुई है लेकिन आज लगता है जैसे यह चेहरा मेरी आत्मा को मार डालेगा। मुझे तो बचना है। मुझे तो बचना ही होगा।
(वह एक दृढ़ निश्चय के साथ विंग की तरफ़ बढ़ती है। मुकुल वहीं खड़ा रहता है। कुछ देर बाद शाल्कि एक सूटकेस लिए आती है) मैं जा रही हूँ।

(वह दूसरे विंग की ओर जाती है। मुकुल उसे जाते हुए देखता रहता है। ट्रैक पर कविता सुनाई देती है लेकिन इस बार अकेले शाल्कि की आवाज़ में)

कविता

यह सबकुछ हमारे ही समय में होना था
कि समय को रुक जाना था थके हुए युद्ध की तरह
और कच्ची दीवारों पर लटकते कैलेंडरों को
प्रधानमंत्री का फ़ोटो बनकर रह जाना था...

(कविता के समाप्त होते ही तेज़ क़दम भरता हुआ के.के. प्रवेश करता है। वह बहुत उत्तेजित नज़र आता है। अपनी रौ में वह मुकुल की स्थिति का अहसास भी नहीं कर पाता)

के.के. : मुकुल! मुकुल! माई डार्लिंग! माई रेड बास्टर्ड!! सोचो, मैं तुम्हे क्या सुनाने आया हूँ?

मुकुल : (अनमने ढंग से) क्या?

के.के. : गेस करो!

(मुकुल उसकी ओर चुपचाप देखता रहता है)

माई रेड इडियट, पापा ठीक हो गए!

मुकुल : *(विस्मय से)* क्या?

के.के. : तुमने एकदम सही सुना है। मेरे पापा ठीक हो गए। बिल्कुल ठीक!

मुकुल : कैसे?

के.के. : वैसे ही जैसे डॉक्टरों ने बताया था...अचानक, एकदम अचानक! मैं उन्हें बिस्तर पर लिटा रहा था कि मुझे लगा कि वह मेरा नाम ले रहे हों...ओह! सचमुच वह मेरा नाम ले रहे थे। जानते हो मुकुल! वह मुझे क्या पुकार रहे थे...ठीक वही जो वह मुझे बचपन में पुकारा करते थे।

(के.के. बच्चों की तरह हँसता है)

जानते हो पापा के ठीक होते ही मैने पहला काम क्या किया? मैं ब्लडी स्टेट मिनिस्टिर ऑफ़ ट्राइबल वेलफ़ेयर के पास गया और उसके मुँह पर कह दिया कि मैं अब उसकी फ़िल्म नहीं कर रहा हूँ।

मुकुल : क्या?

के.के. : हाँ... और यह कहने के बाद मैंने अपनी जेब से उस फ़िल्म का कांट्रेक्ट निकाला और फाड़ दिया...बिलकुल चिंदी-चिंदी...पापा की वापसी सेलिब्रेट करने का कोई और तरीक़ा मेरी समझ में नहीं आया।

(के.के. हल्के-हल्के क़दम भरता हुआ मुकुल के बिल्कुल समीप आ जाता है और उसकी आँखों में आँखें डालकर कहता है)

झंडा ऊँचा! झंडा ऊँचा!!

(वह खिलाड़ियों की तरह मुकुल के दोनों हाथ हवा में उठा देता है और ज़ोर-ज़ोर से हँसता है)

(अँधेरा)

पर्दा

□□